ALISTE INTERNATIONALE

V

Socialisme

et

Philosophie

PAR

Antonio LABRIOLA

Professeur à l'Université de Rome

PARIS

V. GIARD & E. BRIÈRE

LIBRAIRES-ÉDITEURS

16, rue Soufflot, 16

1899

SOCIALISME ET PHILOSOPHIE

BIBLIOTHÈQUE SOCIALISTE INTERNATIONALE

V

Socialisme

et

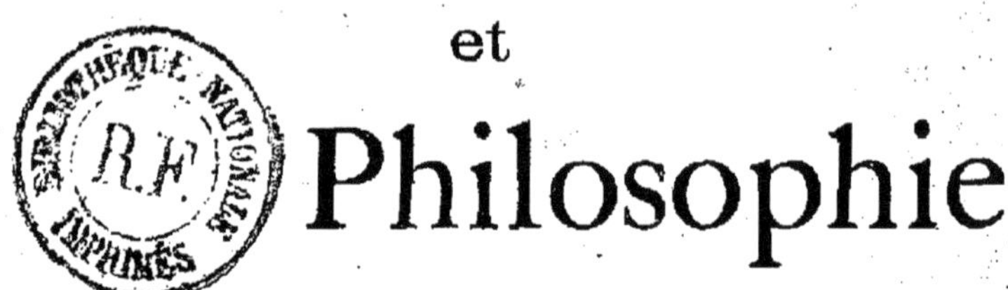

Philosophie

(Lettres à G. Sorel)

PAR

Antonio LABRIOLA

Professeur à l'Université de Rome

PARIS

V. GIARD & E. BRIÈRE

LIBRAIRES-ÉDITEURS

16, rue Soufflot, 16

1899

PRÉFACE A L'ÉDITION FRANÇAISE

Ich bin des trocknen Tons nun satt
Muss wieder recht den Teufel spielen.

Ce petit volume, qui paraît maintenant en français grâce aux soins de mon ami A. Bonnet, était précédé dans l'édition italienne, parue au commencement de décembre 1897 (1), de ces quelques mots :

« Ne serait-il pas absurde de faire précéder la publication de ces lettres d'une introduction ?

« La dernière lettre explique pourquoi elles paraissent en volume.

« Ces pages peuvent servir de complément et elles apportent quelques éclaircissements à mes deux essais intitulés : *In Memoria del Manifesto dei Comunisti*, 2e édit., Roma, 1895 ; et *Del Materialismo Storico, Dilucidazione Preliminare*, Roma, 1896. J'ai fait quelques corrections et quelques adjonctions à l'édition française de

(1) Roma, E. Loescher.

ces deux essais, qui donne également le texte entier du *Manifeste*, et qui est intitulée : *Essais sur la conception matérialiste de l'histoire, avec Préface de G. Sorel*, Paris, 1897, chez V. Giard et E. Brière. »

L'édition française de ces lettres n'est pas une simple traduction, mais une véritable deuxième édition, parce que j'ai revu et modifié l'original, ajouté de nombreuses notes et tout un chapitre sous forme de post-scriptum.

Frascati (Rome), 10 septembre 1898.

Ce petit livre devait paraître, comme l'indique la préface, en octobre dernier. L'impression en a été retardée pour des raisons indépendantes de ma volonté.

Entre temps, M. G. Sorel s'est donné corps et âme à la prétendue *Crise du Marxisme* (1) ; il l'étudie, la commente, l'examine *con amore* un peu partout, dans la *Revue politique et parlementaire*, 10 décembre 1898, pp. 597-612 (ici la fameuse *Crise* n'est rien moins que la *Crise du socialisme*) comme dans la *Rivista Critica del Socialismo*, Roma, n° 1, pp. 9-21 ; il l'a fixée et

(1) Voir le *post-scriptum*, pag. 207 et suiv.

canonisée dans la *Préface* au livre de M. Merlino, *Formes et Essence du Socialisme* (1).

Nous voici décidément aux temps de la *Fronde !*

Que dois-je faire? Dois-je écrire un *anti*-Sorel après avoir écrit un *avec*-Sorel? Pourquoi ? Il est vrai que ce livre de forme un peu inusitée est intitulé *Discorrendo*, c'est-à-dire *En causant*... mais on cause quand on le veut, et non pas au commandement.

Je voudrais seulement que le lecteur se sou-

(1) Mais comment poser la *Crise du Marxisme* à propos d'un livre de M. Merlino ! S'est-il donc jamais rangé parmi les marxistes? M. Sorel voudrait-il introduire dans la pathologie cette stupéfiante réforme: — la fièvre, c'est-à-dire la *crise*, des maladies que le malade n'a pas? M. Merlino est devenu, dans ces dernières années, un éclectique, possibiliste et réformiste — tant mieux; mais pourquoi M. Sorel ne parle-t-il pas plutôt de la *Crise d'un anarchiste* ?

Ai-je besoin d'ajouter que je n'ai jamais pris au sérieux les *fantaisies policières* qui, pendant plusieurs années, ont fait de M. Merlino un épouvantail? — et j'oublie volontiers les luttes acerbes de nos anarchistes contre le parti socialiste qui se formait en Italie autour du *Marxisme*, en prenant ce mot dans son sens populaire. Mais je me réfère au livre de M. Merlino, l'*Italie telle qu'elle est*, Paris, 1890, tout plein de la tradition de Bakunin, fondateur (d'après lui, *ibid.*, p. 354) du *socialisme en Italie*, et à sa brochure, *Nécessité et bases d'une entente*, Bruxelles, 1892, toute vibrante de révolution prochaine.

Et comment lui donner pour précurseur et pour allié dans la *Crise du Marxisme* mon paisible ami M. Croce, qui ne bouge pas de l'enclos de l'érudition !

vienne de la date de ces lettres, de ces petites monographies de style facile, adressées à M. G. Sorel, du 20 avril au 15 septembre 1897. Ce n'est point là une simple fiction littéraire. Elles s'adressaient à ce Monsieur Sorel, que j'avais connu par le *Devenir Social*, qui m'avait présenté aux lecteurs français comme *marxiste en titre*, qui m'écrivait des lettres pleines de fines observations et de remarques critiques intéressantes. Il était un peu incertain, et je lui ai trouvé parfois *l'esprit frondeur*, mais je ne pouvais pas penser en 1897 qu'il deviendrait si rapidement, en 1898, le héraut d'une *guerre de sécession*. Que tout cela fera plaisir aux *déclassés de l'intelligence* et à tous ceux qui ont besoin de l'*alibi de la lâcheté*. M. Sorel nous laisse heureusement un rayon d'espoir : « quelques camarades et moi nous nous efforcerons d'utiliser les trésors de réflexions et d'hypothèses que Marx a groupés dans ses livres : c'est la vraie manière de tirer partie d'une œuvre géniale et inachevée (*Revue Parlementaire*, *ibid*, pag. 612) ». Tous mes souhaits de nouvel an, il commence demain, pour ce travail de sauvetage, bienveillant et touchant, dont plusieurs, dont je suis, ne sentent point le besoin.

Sans rancune, mais quelle mortification pour moi ! En offrant au public français ces pages de forme un peu insolite (1) je crains que les gens d'esprit, et il y en a en France plus qu'en nul autre pays, ne disent : voilà un causeur supportable, mais quel mauvais pédagogue ; il commence, en savant, un dialogue didactique avec un ami, et celui-ci passe immédiatement de l'autre côté.

N'est-il pas vrai, M. Sorel ? Ce dialogue n'était qu'un monologue, et... tant pis (2).

Rome, 31 décembre 1898.

(1) Je remercie la *Revue des Revues* (1er avril 1898, pag. 106) et la *Revue Socialiste* (mars 1898, p. 379-80) de la façon aimable dont elles ont annoncé l'édition italienne de ce livre.

(2) La presse bourgeoise italienne applaudit à la *crise*, et une revue de Rome consacre même un article à l'*agonie du Marxisme*. Toutes mes félicitations aux *camarades frondeurs !*

Que de variantes de la vanité littéraire et de l'ambition politique il y a dans cette prétendue crise !

I

Rome, 20 avril 1897.

Cher Monsieur Sorel,

Depuis quelque temps j'ai l'intention de m'entretenir avec vous dans une espèce de conversation par écrit.

Ce sera la façon la meilleure, et la plus convenable, de vous assurer de ma gratitude pour la *Préface* dont vous m'avez honoré. Bien évidemment je ne m'en tiens pas à me souvenir uniquement des mots flatteurs dont vous avez été prodigue à mon égard avec une profusion extrême. A cela je ne pouvais pas ne pas répondre immédiatement et m'acquitter de ma dette par lettre privée. Il ne s'agit plus ici de me répandre en compliments, et cela, dans des lettres qu'il pourra paraître utile, à vous ou à moi, de publier plus tard. A quoi serviraient d'ailleurs maintenant mes protestations de modestie, pourquoi me dérober à vos éloges ? Vous m'avez contraint à renoncer désormais à ces efforts. Si mes deux essais, *rudimentaires à peine*, sur le matérialisme historique ont été lus en France presque sous la forme d'un livre, ce n'est que grâce à vous, c'est vous qui les avez présentés au public sous cette forme. Je n'ai jamais eu de goût pour *faire le livre*, au sens que vous autres Français, admirateurs et disciples toujours du classicisme littéraire, donnez à cette expression. Je suis même de ceux qui voient dans cette conservation du culte de la forme classique une espèce d'entrave — tel un vêtement qui n'est pas fait pour qui le porte — à l'expression commode, appropriée et correcte des résultats d'une pensée rigoureusement scientifique.

Passant donc outre à tous compliments, j'entends revenir sur les choses dont vous parlez dans cette *Préface*, et d'y revenir pour les discuter librement sans me soucier de composer une monographie achevée. Je choisis la forme épistolaire parce que seule elle permet de discuter sans grand ordre, un peu à bâtons rompus, et en donnant presque le mouvement de la conversation. Je n'aurais pas le courage en vérité d'écrire toutes les dissertations, mémoires et articles qu'il faudrait pour répondre aux nombreuses questions que vous vous posez à vous-même ou que vous soulevez dans ce tout petit nombre de pages (1).

(1) Dans l'édition italienne, il y a ici un renvoi à un appendice (pp. 157-68) qui reproduit, pour la commodité du lecteur italien, la *Préface* de M. G. Sorel. Il suffit, dans cette édition, de renvoyer à mes *Essais*. Paris, Giard et Brière, 1897, pp. 1-20 (Note de l'édition française).

Mais si j'écris un peu au courant de la plume, je ne veux point me soustraire à la responsabilité de ce que je dirai, je veux seulement me soustraire aux obligations de la prose serrée et liée, comme il convient lorsqu'on discute et qu'on disserte par affirmations et démonstrations. Il n'y a plus maintenant de docteur au monde qui, pour petit qu'il soit, ne s'imagine bâtir pour ses contemporains et pour la postérité, quand il réussit à fixer dans un opuscule indigeste ou dans une discussion savante et enveloppée, une de ces nombreuses idées et de ces observations qui, dans le cours d'une conversation ou dans un enseignement soutenu par une véritable maîtrise didactique, ont toujours une plus grande efficacité intuitive par l'effet de cette *dialectique naturelle*, qui est propre à ceux qui sont en train de chercher d'eux-mêmes la vérité ou de l'insinuer pour la première fois dans l'esprit des autres.

Sans doute : — dans cette fin de siècle toute aux *business*, toute aux affaires et toute aux marchandises, la pensée ne peut pas circuler à travers le monde si elle n'est pas fixée et arrêtée, elle aussi, sous la respectable forme de marchandise, qu'accompagne la facture du libraire, et qu'entoure, agile messagère des éloges sincères, l'honnête réclame de l'éditeur. Peut-être dans la *société future*, dans celle où nous nous transportons par nos espérances et plus encore grâce à certaines illusions, qui ne sont pas toujours le fruit d'une imagination bien réglée, il y aura en nombre tel qu'on le croira légion, des hommes capables de discourir dans la divine joie de la poursuite et avec l'héroïque courage de la vérité qu'actuellement nous admirons dans Platon, dans Bruno, dans Galilée, et il y aura une multiplication infinie de Diderot, capables d'écrire les profondes bizarreries de *Jacques le Fataliste*, que pour le moment nous avons la faiblesse de croire incomparables. Dans la société future, dans laquelle les loisirs, raisonnablement accrus pour tous, donneront à tous, avec les conditions de la liberté, les moyens de se civiliser, le *droit à la paresse* — cette heureuse trouvaille de Lafargue — fera pousser à tous les détours du chemin des paresseux de génie qui, comme notre maître Socrate, seront prodigues d'activité librement dépensée et non salariée. Mais actuellement ..... dans ce monde, où les fous seuls ont la berlue du millenium prochain, innombrables sont les paresseux et les désœuvrés qui exploitent, comme un droit qui leur appartient et comme une profession, l'estime publique avec leurs loisirs littéraires........ et le socialisme lui-même ne peut pas se dispenser de recueillir dans son sein une foule discrète de faiseurs, d'affairés et de gens pressés.

Ainsi, presque en raillant, j'arrive à mon sujet. Vous vous plaignez du peu de diffusion qu'a eue jusqu'ici en France la doctrine du matérialisme historique. Vous vous plaignez de ce que cette diffusion trouve un obstacle et une résistance dans les préjugés qui viennent de la vanité nationale, dans les prétentions littéraires de certains, dans l'orgueil philosophique de certains autres, dans la maudite envie de paraître sans être, et, enfin, dans la faible préparation intellectuelle et dans les nombreux défauts que l'on rencontre également chez certains socialistes. Mais toutes ces choses ne peuvent pas être tenues pour de simples accidents ! La vanité, l'orgueil, le désir de paraître sans être, le culte du moi, la mégalomanie, l'envie et la fureur de dominer, toutes ces passions, toutes ces *vertus de l'homme civilisé*, et d'autres encore, ce ne sont certes point les bagatelles de la vie, beaucoup plus souvent il semble qu'elles en sont la substance et le nerf. On sait que l'Église n'est arrivée d'ordinaire à amener les âmes chrétiennes à l'humilité qu'en faisant de celle-ci un nouveau titre d'un orgueil nouveau et plus hautain. Eh oui.... le matérialisme historique exige de ceux qui veulent le professer avec une pleine conscience et franchement une étrange sorte d'humilité : au moment même où nous nous sentons liés au cours des choses humaines et où nous en étudions les lignes compliquées et les replis tortueux, il faut que nous soyons, tout à la fois et en même temps, non pas résignés et dociles, mais au contraire tout pleins d'une activité consciente et raisonnable. Mais..... en arriver à nous avouer à nous-mêmes que notre propre moi, auquel nous nous sentons si étroitement unis par une habitude courante et familière, sans être véritablement quelque chose qui passe, un fantôme, rien, comme se le sont imaginé les théosophes dans leur délire, pour grand qu'il soit ou qu'il nous paraisse, n'est qu'une bien petite chose dans l'engrenage compliqué des mécanismes sociaux : — mais, devoir se résoudre à cette conviction, que les résolutions et les efforts subjectifs de chacun de nous viennent presque toujours se heurter aux résistances du réseau enchevêtré de la vie, de sorte que, ou bien ils ne laissent aucune trace d'eux-mêmes, ou bien ils ne laissent qu'une trace fort différente du but primitif, parce qu'elle est altérée et transformée par les conditions concomittantes : — mais, devoir reconnaître la vérité de cette formule, que nous sommes vécus par l'histoire et que notre contribution personnelle à celle-ci, *bien qu'indispensable*, est toujours une donnée minuscule dans l'entrecroisement des forces qui se combinent, se complètent et se détruisent réciproquement : — mais, toutes ces manières de voir sont véritablement importunes à tous ceux qui ont besoin de confiner l'univers tout entier dans le champ de leur vision individuelle ! Conservons donc à l'histoire le luxe des héros pour ne pas enlever aux nains l'espérance de pouvoir se mettre à cheval sur leurs propres épaules afin de se montrer, même lorsque, comme l'a dit Jean Paul, ils ne sont pas dignes d'arriver à la hauteur de leurs propres genoux !

Et, en effet, ne va-t-on pas à l'école depuis des siècles apprendre que Jules César a fondé l'empire et que Charlemagne l'a reconstitué ; que Socrate a à peu près inventé la logique ; et que Dante a presque créé la littérature italienne ? Il n'y a que fort peu de temps qu'à la croyance mythologique aux *auteurs* de l'histoire s'est peu à peu substituée, et jusqu'ici d'une façon souvent peu précise, la notion prosaïque du processus historico-social. Est-ce que la Révolution française n'a pas été *voulue* et faite, suivant les versions variées de l'imagination littéraire, par les différents saints de la légende libérale, saints de droite, saints de gauche, saints girondins et saints jacobins ? Cela est si vrai que Monsieur Taine — et je n'ai jamais pu comprendre comment, étant donné le peu de résignation qu'il montre à la cruelle nécessité des faits, on peut dire qu'il a été un *positiviste* — a pu dépenser une bonne partie de son puissant talent à démontrer, comme s'il écrivait les *errata de l'histoire*, que toute cette *bagarre* aurait pu aussi bien ne pas avoir lieu. Heureusement pour eux, la plupart de ces saints, vos compatriotes, se sont honorés et décernés réciproquement, et en temps et lieu, la couronne du martyre ; et ainsi les règles de la tragédie classique sont restées pour eux glorieusement intactes : — sinon, qui sait combien d'imitateurs de Saint Just (homme supérieur en vérité) seraient tombés au rang de suppôts de l'infâme Fouché, et combien de complices de Danton (ce grand homme d'État manqué) auraient disputé à Cambacérès sa livrée de chancelier, combien d'autres ne se seraient pas contentés de disputer à l'aventureux Drouet et à ce louche comédien de Tallien les modestes gallons de sous-préfet.

En un mot, la course aux premières places est obligatoire pour tous ceux qui, ayant appris l'histoire de vieux style, répètent encore avec ce rhéteur de Cicéron qu'elle est la grande éducatrice de la vie. Aussi faut-il « moraliser le socialisme ». La morale ne nous a-t-elle pas enseigné depuis des siècles qu'il faut donner à chacun selon ses mérites ? Et il me semble entendre demander : ne voulez-vous donc pas goûter un peu de paradis ? — et si même il faut renoncer au paradis des croyants et des théologiens, ne faut-il pas conserver un peu d'apothéose païenne dans ce monde ? Ne nous débarrassons pas de toute la morale des compensations honnêtes : — gardons tout au moins un bon fauteuil, ou une loge de premier rang au théâtre de la vanité !

Et voici pourquoi les révolutions, nécessaires et inévitables pour tant d'autres raisons, sont utiles et désirables à ce point de vue aussi, parce que, à grands coups de balai, elles écartent les premiers occupants, ou que tout au moins elles rendent l'air plus respirable, de même qu'après l'orage les poussières ont été balayées.

Ne dites-vous pas, et fort justement, que toute la question pratique du socialisme (et par pratique vous entendez, sans aucun doute, celle qui s'inspire des données intellectuelles d'une conscience éclairée par le savoir théorique) se réduit et se résume dans ces trois points : 1) le prolétariat a-t-il acquis une conscience claire de son existence comme classe indivisible ? 2) a-t-il assez de force pour entrer en lutte contre les autres classes ? 3) est-il en état de renverser, avec l'organisation capitaliste, tout le système de l'idéologie traditionnelle ? (pag. 3)

Et cela est parfait !

Or, le prolétariat qui arrive à savoir avec netteté ce qu'il *peut*, c'est-à-dire qui commence à savoir vouloir ce qu'il peut : — ce prolétariat, en somme, qui se met sur la bonne voie pour arriver à résoudre (je me sers ici du jargon un peu surfait des publicistes) la *question sociale*, ce prolétariat devra se proposer d'éliminer, parmi toutes les autres formes d'exploitation du prochain, également celle de la vaine gloire et de la présomption, et celle de la singulière concurrence qui règne entre ceux qui s'inscrivent d'eux-mêmes sur le livre d'or des bienfaiteurs de l'humanité. Ce livre lui aussi doit être jeté au feu comme tant d'autres livres de la *dette publique*.

Mais pour le moment ce serait une œuvre vaine que de s'essayer à faire comprendre à tous ces gens-là ce principe élémentaire de la morale communiste : qu'on doit attendre que la reconnaissance et l'admiration nous soient décernées spontanément par les autres ; — et beaucoup ne voudraient pas entendre répéter, au nom de Baruch Spinoza, que la vertu trouve sa récompense en elle-même. En attendant, donc, que dans une société meilleure que la nôtre soient seuls objets d'admiration des hommes les choses qui en sont tout à fait dignes — que dirai-je? — par exemple les lignes du Parthénon, les tableaux de Raphaël, les vers de Dante et de Gœthe, et tout ce que la science nous offre d'utile, de certain, de définitivement acquis, il ne nous est pas donné pour le moment d'empêcher ceux qui ont du temps à perdre, et du papier imprimé à mettre en circulation, de se pavaner au nom de tant et tant de belles choses, — l'humanité, la justice sociale, etc. — et même au nom du socialisme, comme cela arrive à ceux qui se mettent sur les rangs pour être inscrits à l' « ordre pour le mérite » et à la « légion d'honneur » de la future, mais non pas très prochaine, révolution prolétarienne. Comment tous ceux-là n'auraient-il pas pressenti dans le matérialisme historique la satire de toutes leurs vaines arrogances et de leurs futiles ambitions, et comment s'immaginer qu'ils ne devaient pas avoir en horreur cette nouvelle espèce de panthéisme, d'où a disparu, — et cela parce qu'il est ultra-prosaïque — jusqu'au saint nom de Dieu.

Il faut tenir compte encore d'une circonstance grave. Dans toutes les parties de l'Europe civilisée les *talents* — vrais ou faux — ont beaucoup de façons variées d'être occupés dans les services de l'Etat et dans ce que peut leur offrir d'avantageux et d'honorifique la bourgeoisie, qui n'est pas encore si près de mourir, comme le disent certains aimables faiseurs de prophéties extravagantes. Il ne faut donc pas s'étonner si Engels (pag. IV de la préface au IIIe volume du *Capital* — remarquez bien — à la date du 4 octobre 1894 —) écrivait : « Comme au XVIe siècle, de même à notre époque si agitée, il n'y a, dans le domaine des intérêts publics, de purs théoriciens que du côté de la réaction ». Ces mots aussi clairs que graves, suffiraient seuls à fermer la bouche à ceux qui vont braillant que toute l'*intelligence* est passée de notre côté, et que la bourgeoisie baisse actuellement les armes. La vérité est précisément en sens contraire : dans nos rangs il y a partout rareté de forces intellectuelles, bien que les véritables ouvriers, par une suspicion explicable, s'élèvent contre les « parleurs » et les « lettrés » du parti. Il ne faut donc pas écarquiller les yeux si le matérialisme historique en est encore aux formules générales du début. Et tout en négligeant ceux qui n'ont fait que le répéter ou le travestir, et parfois lui donner un tour burlesque, il nous faut avouer que, dans l'ensemble de tout ce qui a été écrit de sérieux et de correct sur ce sujet, il n'y a pas encore l'ensemble d'une théorie qui soit sortie déjà du stade de la première formation. Personne n'oserait parmi nous le comparer au Darwinisme qui, en un peu moins de quarante ans, a eu un tel développement intensif et extensif que désormais, par la masse des matériaux, par la multiplicité des attaches avec d'autres études, par les diverses corrections méthodiques et par l'interminable critique qui a été faite par les partisans et par les adversaires, cette doctrine a déjà une histoire gigantesque.

Tous ceux qui sont en dehors du socialisme ont eu et ont intérêt à combattre, à dénaturer, ou tout au moins à ignorer cette nouvelle théorie, et les socialistes, pour les raisons déjà données et pour beaucoup d'autres encore, n'ont pas pu y dépenser le temps, les soins et les études nécessaires pour qu'une tendance mentale acquière l'ampleur de développement et la maturité d'école, comme cela arrive pour les disciplines qui, protégées ou tout au moins non combattues par le monde officiel, croissent et prospèrent par la coopération assidue de nombreux collaborateurs.

La diagnose du mal n'est-elle pas déjà presque une consolation ? N'est-ce pas ainsi que font actuellement avec leurs malades les médecins, depuis qu'ils se sont inspirés davantage, comme ils le font maintenant dans leur pratique thérapeutique, du sentiment scientifique des problèmes de la vie ?

D'ailleurs, des différents résultats que peut produire le matérialisme historique, quelques-uns seulement peuvent arriver à un certain degré de popularité. Certes, grâce à cette nouvelle orientation doctrinale, on arrivera à écrire des livres d'histoire moins vagues que ceux qu'écrivent d'ordinaire les littérateurs qui ne se sont préparés à cet art qu'avec ce que peut enseigner la philologie et l'érudition. Et, sans parler de la conscience que les hommes d'action du socialisme peuvent retirer de l'analyse approfondie du terrain sur lequel ils travaillent, il n'est pas douteux que le matérialisme historique, directement ou indirectement, a déjà exercé sur beaucoup d'esprits une grande influence et en exercera avec le temps une plus grande encore, pourvu qu'on s'en tienne aux études véritables d'histoire économique, et à l'interprétation pragmatique des mobiles et des raisons intimes, et partant plus cachées, d'une politique déterminée. Mais toute la doctrine dans son essence, ou dans son ensemble, toute la doctrine, je veux dire en somme en tant que *philosophie* — et je me sers de ce mot avec beaucoup d'appréhension parce que je crains d'être mal compris, mais je ne saurais en trouver un autre, et, si j'écrivais en allemand je dirais volontiers *Lebens und Weltanschauung*, c'est-à-dire conception générale de la vie et du monde — ne me semble pas pouvoir entrer dans le programme de l'éducation populaire. Pour apprendre cette philosophie il faut, en vérité, un certain effort, même pour les esprits déjà habitués aux difficultés de la pensée, et s'en servir, ensuite, peut exposer les esprits trop faciles ou trop portés aux conclusions commodes, à déraisonner joliment ; et nous ne voulons pas nous faire les promoteurs ou nous rendre complices d'une nouvelle sorte de charlatanerie littéraire.

II

Rome, 24 avril 1897.

Permettez-moi maintenant de passer à la considération de choses prosaïquement petites, mais qui, comme cela arrive souvent pour les petites choses dans les grandes affaires de ce monde, ont une grande importance dans l'espèce.

Les ouvrages de Marx et d'Engels — pour revenir à eux, qui sont principalement en cause, — ont-ils jamais été tous lus *entièrement* par quelqu'un qui se trouvât en dehors du groupe des amis les plus proches et des adeptes, et, par suite, des disciples et des interprètes directs des auteurs eux-mêmes ? *Tous* ces ouvrages ont-ils jamais été commentés et expliqués par des personnes qui se trouvaient en dehors du camp qui s'est formé autour de la tradition de la *Deutsche Socialdemokratie ?* C'est la *Neue Zeit*, ce magasin indispensable des doctrines du parti, qui a été pendant des années l'organe le plus important de ce travail d'application et d'explication. En un mot, il ne s'est pas formé autour de ces écrits, sauf en Allemagne et là même dans un petit cercle seulement, ce que les néologistes appellent un milieu littéraire.

Et la rareté de beaucoup de ces écrits, et l'impossibilité même de se procurer quelques-uns d'entre eux ! Y a-t-il beaucoup de gens au monde qui aient la patience de se mettre pendant des années, comme cela m'est arrivé, à la recherche d'un exemplaire de la *Misère de la Philosophie*, qui n'a été que très récemment réimprimée à Paris, ou de ce livre singulier qu'est la *Heilige Familie*, et qui soit disposé à se donner plus de mal pour avoir à sa disposition un exemplaire de la *Neue Rheinische Zeitung*, qu'il n'en coûte, dans les conditions ordinaires, à n'importe quel philologue ou historien pour lire et pour étudier tous les documents de l'Egypte ancienne ? Je n'ai jamais connu travail plus fastidieux que celui-là et cependant j'ai une assez grande pratique des livres et de l'art de les rechercher. La lecture de tout ce qu'ont écrit les fondateurs du socialisme scientifique a passé jusqu'ici pour un privilège d'initié !

Comment s'étonner alors si, sauf en Allemagne, et partant en France également, et même particulièrement en France, un très grand nombre d'écrivains, surtout parmi les publicistes, ont eu la tentation d'extraire des critiques des adversaires, ou de citations faites par d'autres, ou de déductions hâtives tirées de certains passages, ou de souvenirs vagues, ce qui leur permettait de se façonner un *Marxisme* de leur crû et à leur goût ? D'autant plus, qu'avec la naissance en France et en Italie de partis socialistes, qui, plus ou moins, passent pour être une représentation du *Marxisme* — ce qui me semble être une appellation inexacte (1) — les lettrés de toute sorte ont pu trouver l'occasion commode de croire et de faire croire que dans chaque discours de propagandiste ou de député, dans chaque programme, dans chaque article de journal, dans chaque acte du parti, il y avait comme la révélation authentique et orthodoxe de la doctrine nouvelle se manifestant dans la nouvelle Eglise. Il y a deux ans, n'a-t-on pas été à la Chambre française presque sur le point de discuter la *théorie de la valeur* de Marx..... comme si nous étions à Byzance ? Et que vous dire de tous ces professeurs italiens qui ont cité et discuté pendant des années des livres et des brochures, qui, on le savait de façon notoire, n'étaient jamais venus jusque dans nos parages, et cela surtout après que M. Georges Adler (2) eut écrit ses deux livres un peu superficiels et un peu vagues, dans lesquels cependant il offrait aux chercheurs d'érudition facile et aux plagiaires les trésors commodes de la bibliographie et des copieuses citations : parce

(1) Conf. *Essais*, etc., page 87, note 2 (Note de l'édit. franç.).

(2) Je fais ici allusion aux deux ouvrages : *Geschichte der ersten socialpolitischen Arbeiterbewegung in Deutschland* ; et *Die Grundlagen der Karl Marx'schen Kritik*, etc., qui ont été pillés en Italie par les critiques de pacotille (Note de l'édit. franç.).

que, à dire le vrai, ce M. Adler a beaucoup lu, de même qu'il a beaucoup pêché.

Le matérialisme historique, qui, dans un certain sens, est tout le marxisme, avant d'entrer dans le milieu critico-littéraire des personnes capables de le développer et de le continuer, est passé, chez nous peuples de langue néo-latine, à travers une infinité d'équivoques, de malentendus, d'altérations grotesques, d'étranges travestissements et de gratuites inventions : toutes choses que personne ne voudra mettre au compte de l'histoire du socialisme, mais qui, dans tous les cas, ne pouvaient pas ne pas être des empêchements pour tous ceux qui désirent se mettre au courant des théories socialistes, notamment si ce sont des personnes qui sortent des rangs des lettrés de profession.

Vous savez l'étonnante histoire de ce Marx aux cheveux blonds qui inaugura l'*Internationale* à Naples en 1867 et que Croce a racontée dans le *Devenir Social* (1). Je pourrais, moi aussi, raconter quelques histoires semblables. Que dire de cet étudiant qui, il y a quelques années, accourait chez moi pour voir, une fois au moins *de visu*, la célèbre *Misère de la Philosophie !* Il resta stupéfait : « donc — dit-il — c'est un livre sérieux d'économie politique ? » — « Non seulement sérieux — ajoutai-je — mais de lecture difficile et en beaucoup de points obscur ». Il ne pouvait y

(1) *Devenir Social*, nov. 1896, p. 904-905.

croire. « Vous vous attendiez — lui dis-je — à un poème sur les *Héros de la mansarde*, ou à un roman dans le genre du *Jeune homme pauvre ?* ». Et ce titre capricieux de *Heilige Familie* (*Sainte Famille*) a été lui aussi, pour certains, l'occasion de bien étranges rêveries (1). Singulière destinée de cette coterie de *posthégéliens* — parmi lesquels il y avait d'ailleurs un homme remarquable et de grande valeur, Bruno Bauer — que de passer à la postérité dans le curieux persifflage qu'en ont fait les deux jeunes écrivains ! Et dire que ce livre — qui paraîtrait à la plupart des lecteurs français dur à lire, lourd et mal composé — n'est vraiment important qu'en ce qu'il nous montre comment Marx et Engels, délivrés du scolasticisme hégélien, se débarrassèrent petit à petit de l'humanitarisme de Feuerbach, et, tandis qu'ils s'acheminaient vers ce qui fut depuis leur doctrine propre, ils étaient encore dans une certaine mesure imprégnés de ce *socialisme vrai*, dont ils ont eux-mêmes écrit la satire dans le *Manifeste*.

Mais à côté de ces historiettes, toutes amusantes en somme, il y en a eu une en Italie qui vraiment n'a rien de risible : je veux parler du cas Loria. Dans ces dernières années, où, au milieu de très grandes difficultés, s'est formé chez nous un parti socialiste, qui, dans ses programmes et dans ses

(1) La *Heilige Familie* sera prochainement réimprimée en Allemagne (Note de l'édit. franç.).

buts, et, autant que le permettent les conditions du pays, aussi dans son action, correspond aux tendances du socialisme international, dans ces années mêmes certains étudiants ou ex-étudiants se mirent en tête de faire de M. Loria tantôt l'auteur authentique des théories du socialisme scientifique, tantôt l'inventeur de l'interprétation économique de l'histoire, et tant et tant d'autres choses diverses, contraires et contradictoires, de sorte que M. Loria, à son insu, sans aucun mérite de sa part, ou sans qu'il y ait de sa faute, a été en même temps tantôt Marx, tantôt un anti-Marx, un vice, ou un sur, ou un sous-Marx. Cette équivoque, elle aussi, est désormais dépassée : et paix soit à sa mémoire. Depuis que les *Problèmes sociaux* de M. Loria ont été traduits en français, beaucoup de vos compatriotes ont dû trouver étrange que cet écrivain ait pu passer, non pas pour socialiste en général, ce qui peut être, somme toute, une preuve ou une marque de naïveté, mais pour avoir continué et corrigé Marx, ce qui est une énormité à faire dresser les cheveux sur la tête.

Donc, ces anecdotes qui peuvent servir d'exemple intuitif, doivent vous consoler de ce qui s'est passé en France, parce que, non seulement il est vrai que *intra iliacos muros peccatur et extra*, mais parce que, en fin de compte, tous ceux qui n'appartiennent pas à la catégorie de ces fous que sont les génies incompris, doivent convenir de ce principe : que l'on n'arrive jamais trop tard pour faire son devoir. Et même ici, dans ce cas particulier, on arrive si peu en retard qu'Engels m'écrivait quelques semaines avant de mourir : nous en sommes encore au premier pas !

Et pour que, dans ce premier commencement, ceux qui désirent s'occuper de la doctrine en question en pleine connaissance de cause, puissent le faire avec le moins de difficulté possible et avec la possession parfaite des premières sources, il me semble qu'il serait du devoir du *parti allemand* de nous donner une édition complète et critique de tous les écrits de Marx et d'Engels ; — j'entends une édition accompagnée, pas à pas, de préfaces explicatives, de références, de notes et de renvois. Ce serait déjà une œuvre méritoire que d'enlever aux bouquinistes la possibilité de faire une spéculation indécente — j'en sais quelque chose — sur les très rares exemplaires des livres les plus anciens. Aux ouvrages déjà parus sous forme de livres ou de brochures, il faudrait ajouter les articles de journaux, les manifestes, les circulaires, les programmes et toutes ces lettres qui, ayant un intérêt public et général, bien qu'adressées à des particuliers, ont une importance politique ou scientifique (1).

Ce travail ne peut être entrepris que par les so-

(1) La réimpression du livre de MARX, *Zur Kritik der politischen Oekonomie*, faite par KAUTSKY (*édit. Dietz*, Stuttgart), a paru au mois d'août, trois mois après cette lettre.

cialistes allemands. Non pas que Marx et Engels appartiennent à l'Allemagne seulement, au sens patriotique et chauviniste qu'a pour beaucoup le mot de nationalité. La forme de leurs cerveaux, la marche de leurs productions, l'organisation logique de leurs manières de voir, leur sens scientifique et leur philosophie, ont été le fruit et le résultat de la culture allemande : mais la substance de ce qu'ils ont pensé et exposé est tout entière dans les conditions sociales qui s'étaient développées, jusqu'aux années plus que mûres de leur vie, pour la plus grande partie hors de l'Allemagne, et particulièrement dans celles de la grande révolution économico-politique qui, depuis la seconde moitié du XVIIIe siècle, a eu sa base et son développement principalement en Angleterre et en France. Ils ont été, à tous les points de vue, des esprits internationaux. Mais néanmoins ce n'est que parmi les socialistes allemands, à commencer par la Ligue des Communistes, jusqu'au programme d'Erfurt et jusqu'aux derniers articles du prudent et pondéré Kautsky, que l'on trouve cette continuité et cette persistance de tradition et cette aide de l'expérience constante qui sont nécessaires pour que l'édition critique trouve dans les choses elles-mêmes et dans la mémoire des hommes les données nécessaires pour en faire une œuvre parfaite et pleine de vie. Il ne s'agit pas de choisir. Toute l'activité scientifique et politique, toute la production littéraire, même de circonstance, des deux fondateurs du socialisme critique doivent être mises à la portée des lecteurs. Il ne s'agit pas certes de compiler un *Corpus juris*, ni de rédiger un *Testamentum juxta canonem receptum*, mais de réunir les écrits dans un ensemble organique, pour qu'ils parlent directement à tous ceux qui auront envie de les lire. C'est ainsi seulement que les écrivains des autres pays pourront avoir à leur disposition toutes les sources, qui, connues dans d'autres conditions, par des reproductions incertaines ou de vagues souvenirs, ont produit cet étrange phénomène qu'il n'y avait jusqu'à il n'y a que peu de temps presqu'aucun travail en d'autre langue qu'en allemand sur le Marxisme qui fût le résultat d'une critique documentée, surtout si ces écrits sortaient de la plume des écrivains des autres partis révolutionnaires ou des autres écoles socialistes. Leur type est celui des écrivains anarchistes pour lesquels, notamment en France et en Italie, l'auteur du Marxisme ne semble avoir vécu que pour être le pourfendeur de Proudhon et l'adversaire de Bakunin, quand il ne devient pas simplement le chef de l'école qui constitue à leurs yeux le plus grand des crimes, c'est-à-dire le représentant typique du socialisme politique, et par suite — ô infamie ! — du socialisme parlementaire.

Tous ces écrits ont un fond commun, et c'est le matérialisme historique, entendu dans le triple sens de tendance philosophique dans la conception générale de la vie et du monde, de critique de l'économie, dont les manières d'être ne peuvent être ramenées à des lois qu'en tant qu'elles représentent une phase historique déterminée, et d'interprétation de la politique, et surtout de celle qui est nécessaire et qui sert à la direction du mouvement ouvrier vers le socialisme. Ces trois aspects, que j'énumère ici d'une façon abstraite, comme cela arrive toujours pour la commodité de l'analyse, ne faisaient qu'un dans l'esprit des auteurs eux-mêmes. Aussi ces écrits qui, sauf l'*Antidühring* d'Engels et le premier volume du *Capital*, ne sembleront jamais aux lecteurs nourris de la tradition classique composés selon les règles de l'art de « faire le livre », sont en réalité des monographies, et, dans la plupart des cas, des travaux de circonstance. Ce sont les fragments d'une science et d'une politique qui est en perpétuel devenir, et que d'autres — je ne dis pas que ce soit l'affaire du premier venu — doivent et peuvent continuer. Donc, pour les comprendre entièrement il faut les rattacher à la vie même de leurs auteurs ; et dans cette biographie il y a comme la trace et le sillon, et parfois l'indice et le reflet de la genèse du socialisme moderne. Ceux qui ne sont pas à même de suivre cette genèse, chercheront dans ces fragments ce qui ne s'y trouve pas et ce qui ne doit pas s'y trouver : par exemple des réponses à tous les problèmes que la science historique et la science sociale peuvent offrir dans leur développement et dans leur variété empirique, ou une solution sommaire des problèmes pratiques de tous les temps et de tous les lieux. Et par exemple en ce moment même où, à propos de la question d'Orient, certains socialistes nous offrent le spectacle extraordinaire d'une lutte entre l'idiotisme et la témérité, de toutes parts on entend faire appel au Marxisme (1) ! En effet les doctrinnaires, les présomptueux de toute sorte qui ont besoin des idoles de l'esprit, les faiseurs de systèmes classiques bons pour l'éternité, les compilateurs de manuels et d'encyclopédies, chercheront à tort et à travers dans le Marxisme ce qu'il n'a jamais voulu offrir à personne. Ceux-là voient dans la pensée et dans le savoir quelque chose qui existe *matériellement*, mais ils n'entendent pas le savoir et la pensée comme des activités qui sont *in fieri*. Ceux-ci sont des métaphysiciens, au sens qu'Engels attribue à ce mot et qui, en vérité, n'est pas le seul que ce mot ait ou puisse avoir, au sens, en somme, qu'Engels lui attribue par une constante exagération

(1) Au moment où je réunis ces lettres pour les publier — nous sommes à la fin de septembre — je reçois le volume : *The Eastern Question by* KARL MARX (London, *édit. Sonnenschein)*, de XVI-656 pages, gr. in-8, avec un très long index et deux cartes. C'est la reproduction, par les soins diligents de sa fille Eléonore et d'Ed. Aveling, des articles que Karl Marx a écrits de 1853 à 1855 sur la *question d'Orient*, notamment dans la *New-York Tribune*.

Je remarque ici en passant que lorsque Marx écrivait sur des questions politiques il ne formulait pas des principes, mais il tâchait de comprendre et d'expliquer !

de la caractéristique que Hegel appliquait aux ontologistes comme Wolf et consorts.

Mais Marx, publiciste incomparable, lorsqu'il écrivait, dans la période qui va de 1848 à 1860, ses essais sur l'histoire contemporaine et ses mémorables articles de journal, eut-il jamais la prétention d'être un historiographe accompli? il n'aurait peut-être jamais pu le devenir parce qu'il n'avait ni la vocation, ni les aptitudes. Ou bien Engels, en écrivant l'*Antidühring*, qui jusqu'à aujourd'hui demeure l'ouvrage le plus achevé du socialisme critique et qui contient à peu de choses près toute la philosophie dont on a besoin pour l'intelligence du socialisme lui-même, a-t-il jamais eu l'intention de ramasser, dans un travail si court et si exquis, tout le savoir universel et de marquer pour l'éternité les limites de la métaphysique, de la psychologie, de l'éthique, de la logique, etc., quel que soit le nom que portent, ou pour des raisons intrinsèques de division objective, ou pour la commodité et la vanité de ceux qui enseignent, les sections de l'encyclopédie? Et le *Capital* est-il donc une de ces si nombreuses encyclopédies de tout le savoir économique, dont actuellement les savants, notamment les professeurs allemands, remplissent le marché?

Cette œuvre, bien qu'elle se compose de trois volumes en quatre tomes fort étendus, peut sembler, à côté de ces compilations encyclopédiques, une colossale monographie. Son sujet principal c'est l'origine et le processus de la *plus-value* (dans le sein, évidemment, de la production capitaliste), et ensuite, après avoir rapproché la production de la circulation du capital, la répartition de la plus-value elle-même. Le tout supposant la *théorie de la valeur*, achevée d'après l'élaboration qu'en avait faite la science économique depuis un siècle et demi : théorie qui ne représente nullement un *factum empiricum* tiré de l'induction vulgaire, qui n'exprime pas non plus une *position logique*, comme certain se l'est imaginé, mais qui est la prémisse typique, sans laquelle tout le reste ne peut pas être conçu. Les prémisses de fait, c'est-à-dire le capital préindustriel et la genèse sociale du salariat, sont les moments directeurs de l'explication historique du commencement du capitalisme actuel : — le mécanisme de la circulation avec ses lois secondaires et latérales, et enfin les phénomènes de la distribution, étudiés dans leurs aspects antithétiques et d'indépendance relative, forment le chemin et les inférences à travers lesquelles et par lesquelles on arrive aux faits de configuration concrète, que nous offre le mouvement apparent de la vie de tous les jours. Le mode de représentation des faits et des processus est généralement typique, parce qu'on suppose toujours la présence des conditions de la production capitaliste : et de là vient que les autres formes de production sont commentées seulement en tant qu'elles ont déjà été dépassées et pour la façon dont elle l'ont été, ou en tant que, comme résidu, elles constituent des bornes et des entraves à la forme capitaliste. De là le fréquent passage à travers des illustrations de pure histoire descriptive, pour revenir ensuite, après avoir posé les prémisses de fait, à l'explication génétique de la façon dont ces prémisses, étant donné leur concurrence et leur concomitance, doivent fonctionner en principe, car elles forment la structure morphologique de la société capitaliste. De là vient que ce livre, qui n'est jamais dogmatique, précisément parce qu'il est critique, et critique non pas dans le sens subjectif du mot, mais parce qu'il dégage la critique du mode même antithétique et par conséquent contradictoire des choses elles-mêmes, ne se perd jamais, même là où il arrive à la description historique, dans l'historisme *vulgaris*, dont tout le secret consiste à renoncer à la recherche des lois des changements, et à coller sur ces changements simplement énumérés et décrits l'étiquette de processus historique, de développement et d'évolution. Le fil conducteur de cette genèse est le procédé dialectique, et c'est là le point scabreux qui fait faire si triste mine à tous les lecteurs du *Capital* qui apportent dans sa lecture les habitudes intellectuelles des empiristes, des métaphysiciens et des pères définisseurs d'entités conçues *in æternum*. Dans la discussion fastidieuse, qui a été soulevée par certains sur les contradictions qui, d'après eux, existeraient entre le IIIe et le

Ier volume du *Capital,* notamment chez les économistes de l'*école autrichienne* (1) (je parle ici de l'esprit de la discussion et non pas des observations particulières, parce que, en effet, le IIIe volume est loin d'être un travail achevé, et peut offrir matière à la critique, même pour ceux qui professent en général les mêmes principes), on voit qu'il manque à la plupart de ces critiques la notion exacte de la marche dialectique. Les contradictions qu'ils dénoncent ne sont pas les contradictions du livre avec le livre lui-même, ce ne sont pas les infidélités de l'auteur à ses prémisses et à ses promesses : mais ce sont les conditions antithétiques elles-mêmes de la production capitaliste qui, énoncées en formules, se présentent à l'esprit comme des contradictions. Taux moyen du profit en raison de la quantité absolue du capital employé, c'est-à-dire indépendamment de ses différences de composition, c'est-à-dire de la proportion différente de capital constant et de capital variable ; — prix qui s'établissent sur le marché d'après des moyennes qui oscillent selon des modes très variés autour de la valeur, et qui s'en éloignent ; — intérêt pur et simple de l'argent possédé

(1) Je fais allusion ici aux ouvrages de polémique de Böhm-Bawerk et de Komorzynski. Le premier a vraiment écrit pour en finir avec Marx. Je ne puis cacher mon étonnement de la façon indulgente dont Conrad Schmidt a parlé de cette critique de Böhm-Bawerk dans la *Beilage des Vorwärts*, n° 85, 10 avril 1898 (Note de l'édit. franç.).

comme tel et prêté à l'industrie des autres; — rente de la terre, c'est-à-dire de ce qui n'a jamais été le produit d'aucun travail; — ces *démentis* et autres semblables à la loi de la valeur (— c'est vraiment cette dénomination de *loi* qui trouble tant de têtes!) — sont les antithèses mêmes du système capitaliste. Ces antithèses — c'est-à-dire l'*irrationnel* qui, bien qu'il paraisse irrationnel, existe — à commencer par ce tout premier irrationnel, c'est-à-dire que le travail de l'ouvrier salarié donne à qui l'achète un produit supérieur au coût (salaire) — ce vaste système des *contradictions économiques* (et pour cette expression rendons hommage à Proudhon) est ce qui apparaît aux socialistes sentimentaux, aux socialistes simplement raisonneurs, et ensuite même aux déclamateurs radicaux, comme l'ensemble des *injustices sociales :* — de ces injustices que l'honnête foule des réformateurs voudrait éliminer par d'honnêtes raisonnements de lois! Ceux qui comparent maintenant, à la distance de cinquante ans, l'étude de ces antinomies concrètes dans le IIIe volume du *Capital* avec la *Misère de la philosophie* sont à même de reconnaître en quoi consiste la trame dialectique de l'exposé. Les antinomies que Proudhon voulait résoudre d'une manière abstraite (et cette erreur lui donne une place dans l'histoire), comme ce que la raison raisonnante condamne au nom de la justice, sont en fait les conditions de la structure elle-même, de sorte que la contradiction est dans la raison d'être elle-même du processus. L'irrationnel considéré comme un moment du processus lui-même nous délivre du simplisme de la raison abstraite et nous montre en même temps la présence de la *négativité* révolutionnaire dans le sein même de la forme historique, relativement nécessaire.

Quoiqu'il en soit de cette très grave et très difficile question de la conception du processus, que je n'oserais pas traiter à fond incidemment dans une lettre, il y a ce fait : qu'il n'est donné à personne de séparer les prémisses, la marche méthodique, les déductions et conclusions de cette œuvre, de la matière dans laquelle elle se développe et des conditions de fait auxquelles elle se réfère, pour en réduire la théorie à une espèce de vulgate ou de préceptistique pour l'interprétation de l'histoire de tous les temps et de tous les lieux. Et il n'y a pas d'expression plus insipide et plus ridicule que celle qui déclare le *Capital* la Bible du socialisme. D'ailleurs, la Bible, qui est un ensemble de livres religieux et d'ouvrages théologiques, ce sont les siècles qui l'ont faite. Et serait-ce une Bible, le socialisme seul ne donnerait pas aux socialistes toute la science !

Le Marxisme — puisque ce nom peut être adopté comme le symbole et le résumé d'un courant multiple et d'une doctrine complexe — n'est pas et ne demeurera pas tout entier renfermé dans les ouvrages de Marx et d'Engels. Il faudra, au contraire, beaucoup de temps avant qu'il devienne la doctrine pleine et complète de toutes les phases historiques déjà ramenées aux formes respectives de la production économique, et en même temps la règle de la politique. Pour cela, il faut une étude nouvelle et très rigoureuse des sources par tous ceux qui veulent étudier le passé d'après l'angle visuel de la nouvelle vue historico-génétique, ou des aptitudes spéciales d'orientation politique pour ceux qui veulent agir à l'heure actuelle. Comme cette doctrine est en soi *la critique*, elle ne peut être continuée, appliquée et corrigée si ce n'est *critiquement*. Comme il s'agit de vérifier et d'approfondir des processus déterminés, il n'y a pas de catéchisme qui tienne, il n'y a pas de généralisations schématiques qui vaillent. J'en ai fait l'essai cette année. Je m'étais proposé d'étudier dans mon cours à l'Université, les conditions économiques de l'Italie du Nord et de l'Italie Centrale vers la fin du XIIIe siècle et au commencement du XIVe, avec l'intention principale d'expliquer l'origine du prolétariat des campagnes et des villes, pour trouver ensuite une explication pragmatique approximative de la naissance de certaines agitations communistes, et pour exposer enfin les phases fort obscures de la vie héroïque de Fra Dolcino. Mon intention a été certainement d'être et de rester marxiste, mais je ne peux pas ne pas prendre sous ma responsabilité personnelle ce que j'ai dit à mes risques et périls, parce que les sources sur lesquelles j'ai dû travailler sont celles qu'ont à leur disposition tous les autres historiens de toutes les écoles et de toutes les tendances, et je n'avais rien à demander à Marx parce qu'il n'avait rien à m'offrir dans l'espèce.

Il me semble que j'ai répondu suffisamment — bien qu'il me faille continuer à d'autres points de vue — à la demande principale de votre *Préface*, à laquelle je me réfère spécialement et à ce que je retrouve dans quelques-uns de vos articles du *Devenir Social*. Votre question porte toujours sur ce point : pour quelles raisons le matérialisme historique a-t-il eu jusqu'à présent si peu de diffusion et un si faible développement ?

Sous la réserve de ce que je dirai dans la suite — quelle menace ! — vous ne devez trouver aucune difficulté à répondre à une autre question que vous vous êtes posée, notamment dans certains compte-rendus, et qui se résume à peu près ainsi — c'est ainsi du moins que je la traduirai : — d'où vient qu'étant donné cette connaissance et cette élaboration imparfaites du Marxisme, tant de gens se sont préoccupés de le compléter, tantôt avec Spencer, tantôt avec le Positivisme en général, tantôt avec Darwin, tantôt avec n'importe quel autre ingrédient, montrant ainsi qu'ils voulaient, ou bien italianiser, ou bien franciser, ou bien russifier le matérialisme historique, c'est-à-dire montrant qu'ils oubliaient deux choses : que cette doctrine porte en elle-même les conditions et les modes de sa propre philosophie, et qu'elle est, dans son origine comme dans sa substance, essentiellement internationale ?

Mais même sur ce sujet il me faut continuer.

III

Rome, 10 mai 1897.

Si, du moins, les deux auteurs du socialisme scientifique — je me sers de cette expression non sans crainte, car le mauvais usage que l'on en fait souvent l'a rendue en un certain sens ridicule, surtout quand on veut y comprendre la science universelle — avaient été, je ne dirai pas des saints de la vieille légende, mais tout au moins des faiseurs de projets et de systèmes, qui se fussent offerts, et par la forme classique, et par la netteté des lignes à l'admiration facile ! Non pas : ils ont été des critiques et des polémistes, non seulement dans ce qu'ils ont écrit, mais même dans leur façon d'agir, et ils n'ont jamais exhibé leur propre personne et leurs idées comme des exemples et des modèles ; ils ont également interprété les choses elles-mêmes, c'est-à-dire les processus historico-sociaux, dans un sens révolutionnaire, mais ils n'ont jamais jugé les grands bouleversements sociaux d'après le degré de leur impulsivité personnelle et imaginative. *Inde* les *iræ* de tant de gens ! S'ils avaient été tout au moins de ces professeurs pleins d'humanité, qui descendent de temps en temps de leur piédestal pour honorer de leurs conseils le peuple misérable et pitoyable, se posant, aujourd'hui d'une certaine manière et le lendemain d'une autre, en protecteurs et en mécènes de la *question sociale*! Loin de là : — s'identifiant avec la cause du prolétariat, ils n'ont fait qu'un avec la conscience et la science de la révolution prolétarienne. Révolutionnaires dans l'âme à tous les points de vue (mais ni passionnés ni passionnants), ils n'ont jamais proposé ni plans achevés, ni artifices politiques, tandis que, d'ailleurs, ils expliquaient théoriquement et ils aidaient pratiquement la nouvelle politique, que le nouveau mouvement ouvrier suggère et affirme comme une nécessité actuelle de l'histoire. En d'autres termes, et cela peut paraître presque incroyable, ils ont été quelque chose de différent et quelque chose de plus que de *simples socialistes* : et, en effet, beaucoup qui n'étaient que de simples socialistes, ou des révolutionnaires encore plus simples, les tinrent souvent, je ne dirai pas pour suspects, mais pour des camarades pour lesquels on a de l'antipathie et de l'aversion.

On n'en finirait pas si on voulait énumérer toutes les raisons qui pendant si longtemps ont retardé la discussion objective du Marxisme. Vous savez bien qu'en France le matérialisme historique est pour le moment considéré par quelques écrivains qui appartiennent à l'aile gauche des partis révolutionnaires, non pas comme un produit de l'esprit scientifique, sur lequel la critique qui vise à la science aurait, comme elle l'a en réalité, le droit incontestable de s'exercer, mais comme les thèses personnelles de deux écrivains qui, si grands et si remarquables qu'ils aient été, ne sont jamais que deux parmi tous les autres chefs d'école du socialisme, par exemple deux entre les X.... (1) de l'univers! Pour être plus clair, je dirai que contre cette doctrine ne se sont pas levées seulement toutes ces bonnes et toutes ces mauvaises raisons qui d'ordinaire font obstacle et s'opposent aux innovations de la pensée, notamment parmi les savants de profession, parce que, très souvent, les objections sont nées pour ce motif très spécieux, que les théories de Marx et d'Engels étaient considérées comme des *opinions de compagnons de lutte*, et mesurées par conséquent d'après le sentiment de sympathie ou d'antipathie qu'éveillaient ces compagnons. Et c'est une des bizarres conséquences de la démocratie prématurée, qu'on ne peut rien enlever au contrôle des incompétents, pas même la logique !

Mais il y a mieux encore. A l'apparition du premier volume du *Capital*, en 1867, les professeurs et les académiciens, notamment en Allemagne, reçurent comme un grand coup sur la tête. C'était une époque de langueur pour la science

(1) Entre ces *x*.... j'ouvre un concours !

économique. L'école historique n'avait pas encore produit en Allemagne les volumineux, souvent lourds, mais utiles travaux publiés dans la suite. En France, en Italie, en Allemagne même, les dérivations très vulgaires de cette économie *vulgaire*, qui entre 1840 et 1860 avaient déjà oblitéré la conscience critique des grands économistes classiques, menaient une vie rachitique. L'Angleterre s'était endormie après Stuart Mill, qui, bien qu'il fût un logicien de profession, à l'égal d'un type célèbre de notre théâtre comique, entre le oui et le non demeure toujours, sur les points décisifs, de l'avis contraire. Personne n'aurait pensé à ce moment à cette *néo-économie* des *hédonistes*, qui vient de naître tout récemment. En Allemagne, où, pour des raisons d'évidence, Marx devait être lu avant tout autre pays, et où Rodbertus restait presque ignoré, parlaient en maîtres les génies de la médiocrité, et avant tous les autres ce fameux faiseur de notes érudites et minutieuses, qui font suite à des paragraphes tout pleins de définitions verbales et souvent sottes, qu'a été Monsieur Roscher. Le premier volume du *Capital* semblait vraiment fait pour préparer aux cerveaux des professeurs et des académiciens une triste surprise : eux, les savants en titre, dans le pays privilégié des penseurs, ils devaient retourner à l'école ! Ou bien perdus dans les détails infinis de l'érudition, ou désireux de convertir l'économie en une école apologétique, ou embarrassés pour trouver les applications plausibles d'une science venue d'au-delà la mer à la vie très difforme de leur propre pays, tous ces professeurs de la terre des savants par excellence avaient oublié l'art de l'analyse et de la critique. Le *Capital* les obligeait à recommencer par le commencement, c'est-à-dire à se remettre aux premiers éléments. Ce livre, en effet, bien qu'il soit sorti de la plume d'un communiste extrême et résolu, ne portait en lui aucune trace de protestations ou de projets subjectifs, mais il était l'analyse impitoyablement rigoureuse et cruellement objective du processus de la production capitaliste. Daus le journaliste révolutionnaire de 1848, dans l'expatrié de 1849, il y avait donc quelque chose de beaucoup plus terrible que la continuation ou le complément de ce socialisme que la littérature bourgeoise du monde entier avait défini un rêve de trépassés et une phase politique complètement épuisée depuis la chute du *Chartisme* et depuis que triomphait en France l'homme sinistre du *coup d'Etat*. Il fallait donc réétudier l'économie : c'est-à-dire celle-ci entrait dans une période critique. Il faut ajouter, pour être tout à fait exact, que plus tard, depuis 1870 et *crescendo* depuis 1880, les professeurs allemands se sont attelés à la revision critique de l'économie avec la diligence, la persistance, la bonne volonté, l'application que les savants de ce pays apportent toujours dans tous les genres d'études. Bien que nous ne puissions pas toujours accepter tout ce qu'ils écrivent, il est certain néanmoins que grâce à eux le terrain de l'économie a été renouvelé par ceux qui l'étudient en professeurs et en académiciens, et que cette discipline ne peut plus être maintenant apprise comme une simple *pigrorum doctrina.* Récemment le nom de Marx est devenu si *fashionable* qu'il résonne maintenant dans les facultés comme le thème préféré de la critique et de la polémique et qu'on le cite et le discute et qu'on ne se contente plus simplement de le plaindre ou de l'invectiver. La littérature sociale de l'Allemagne est toute pénétrée actuellement du souvenir de Marx.

Mais il ne pouvait en être ainsi en 1867. Le *Capital* était publié au moment même où l'*Internationale* commençait à faire parler d'elle, et elle parut immédiatement terrible non seulement pour ce qu'elle fut intrinsèquement et pour ce qu'elle serait en fait devenue sans le coup grave qui lui fut porté par la guerre franco-prussienne et par le tragique incident de la Commune, mais aussi par les exagérations fougueuses de quelques-uns de ses membres et par les menées stupidement révolutionnaires de quelques-uns de ceux qui y entrèrent en intrus. N'était-il pas notoire que l'*Adresse inaugurale de l'Association des ouvriers* (*Adresse* où tous les socialistes peuvent encore apprendre quelque chose) était sortie de la plume de Marx, et n'avait-on pas raison de lui attribuer les actes et les délibérations pratiquement et politiquement les plus résolues de l'Internationale elle-même? Et, lorsqu'un révolutionnaire d'une loyauté incontestable et d'une singulière perspicacité, comme le fut Mazzini, pouvait se permettre de confondre l'*Internationale*, à laquelle se consacrait Marx, avec l'*Alliance Bakouniste*, qu'y a-t-il d'étonnant à ce que les professeurs allemands aient eu tant de peine à entrer dans la voie d'une critique doctrinale avec l'auteur du *Capital*? Comment pouvait-on si vite entrer en discussion, et traiter d'égal à égal, un individu qui, tandis qu'il était pendu en effigie dans toutes les lois d'exception de Jules Favre et consorts, et qu'on le considérait comme le complice moral de tous les actes des révolutionnaires, y compris leurs erreurs et leurs extravagances, précisément au même moment publiait un livre magistral, nouveau Ricardo, qui impassible étudie les phénomènes économiques *more geometrico*? De là une curieuse méthode de polémique, c'est-à-dire une espèce de procès aux intentions de l'auteur ; on s'efforçait de faire croire que cette science avait été, pour ainsi dire, élaborée pour colorer des tendances : en un mot la polémique tendancieuse prit pendant de nombreuses années la place de l'analyse objective (1).

(1) « Marx part de ce principe..... que la valeur des marchandises est déterminée exclusivement par la quantité de travail qu'elles contiennent. Et, si dans la valeur des marchandises il n'y a que du travail, si la marchandise n'est que du travail cristallisé, *évidemment elle doit appartenir dans sa totalité au travailleur, et aucune partie ne doit en être appropriée par le capitaliste. Si donc l'ouvrier ne reçoit en fait qu'une partie de la va-*

Mais ce qui est pis encore, c'est que les effets de cette critique grossièrement énoncée se firent sentir jusque dans l'esprit des socialistes, et notamment chez cette jeunesse intellectuelle qui, de 1870 à 1880, se dévoua à la cause du prolétariat. Beaucoup de rénovateurs fougueux de cette époque — en Allemagne la chose est plus évidente, parce qu'elle a laissé des traces dans les polémiques du parti et dans la littérature de propagande — se proclamèrent les disciples des théories marxistes en prenant pour argent comptant le Marxisme plus ou moins inventé par les adversaires. Le cas le plus paradoxal de toute cette équivoque c'est que ceux qui allaient aux conclusions faciles, comme cela arrive aujourd'hui encore aux nouveaux venus, mêlant alors des choses vieilles et des choses nouvelles, ont cru que la théorie de la *valeur* et de la *plus-value*, telle qu'on la présente d'ordinaire dans les exposés courants, contient *hic et nunc* la règle pratique, la force impulsive, et même la légitimité morale et juridique de toutes les revendications prolétariennes. N'est-ce pas une

leur qu'il a produite, ce ne peut être que par l'effet d'une usurpation ». Ainsi s'exprime M. Loria à la page 462 de la *Nuova Antologia*, février 1895, dans son article bien connu : *L'opera postuma di Carlo Marx*. Je cite ce passage, qui n'est pas le seul de ce calibre qu'ait écrit M. Loria, uniquement pour donner un exemple de la façon dont on peut faire une traduction libre de Marx en style de Proudhon. Et c'est sur de telles traductions libres qu'ont vécu, de 1870 à 1880, ceux qui sont toujours prêts à croire et à affirmer, dont je parlerai dans la suite.

grande injustice que des milliers et des milliers d'hommes soient privés du fruit de leur travail? Cette affirmation est si simple et si touchante que toutes les *nouvelles bastilles* devront tomber d'un coup devant les nouvelles trompettes de Jéricho, scientifiquement embouchées! Cette simplification extrême trouvait un appui dans les nombreuses erreurs théoriques de Lassalle, dans celles qui venaient de l'insuffisance de ses connaissances (— *la loi d'airain des salaires!* c'est-à-dire une demi-vérité qui devient une erreur complète par défaut de spécification circonstanciée —), comme aussi dans celles que l'on peut appeler, dans son cas, des expédients d'agitateur (les célèbres coopératives subventionnées par l'Etat). D'ailleurs ceux qui se mettent à confiner toute la profession de foi du socialisme dans la simple déduction de l'exploitation reconnue à la revendication admise comme certaine uniquement parce qu'elle est légitime des exploités, n'a qu'à faire un pas sur le terrain assez glissant de la logique pour réduire toute l'histoire du genre humain à un *cas de conscience*, et le développement successif de toutes les formes de la vie sociale à autant de variations d'une erreur continue de *comptabilité.*

En résumé, de 1870 à 1880, et même un peu plus tard, s'est formé petit à petit autour du concept vague d'un *certain quelque chose*, c'est-à-dire du socialisme scientifique, une espèce de *néo-utopisme* qui, comme les fruits hors de saison, fut véritablemeet insipide. Et qu'est-ce autre chose que l'utopisme auquel manque le génie de Fourier et l'éloquence de Considérant, sinon quelque chose qui prête à rire? Ce nouvel utopisme, qui refleurit de temps en temps, on le connaît très suffisamment en France : ne serait-ce que par les luttes soutenues contre les autres sectes et les autres écoles par ces valeureux parmi nos amis, qui se proposèrent et surent les premiers, dans le programme du *parti ouvrier révolutionnaire,* diriger le socialisme dans la voie de la conscience de classe et de la conquête progressive du pouvoir politique par le prolétariat. Ce n'est que dans l'expérience de cette joûte pratique, dans l'étude quotidienne de la lutte de classe, ce n'est que dans l'essai toujours tenté à nouveau des forces prolétariennes déjà réunies en faisceau et concentrées, qu'il nous est donné de peser les chances du socialisme : sinon, on est et on reste des utopistes, même au nom vénéré de Marx.

Contre ces *néo-utopistes*, comme aussi contre les survivants des anciennes écoles, et contre les déviations variées du socialisme contemporain, nos deux auteurs ont toujours et continuellement aiguisé les traits de leur critique. De même que dans leur longue carrière ils ont fait de leur science le guide de leur action pratique, et tiré de leur action pratique la matière et l'indication pour une science plus approfondie, de même ils n'ont jamais traité l'histoire comme un cheval à enfourcher et à mettre au trot, et ils ne se mirent jamais à la recherche de formules capables de ranimer les illusions momentanées; de même ils furent, par la nécessité des choses, amenés à faire la critique âpre, violente, résolue de tous ceux qui, à leurs yeux, paraissaient capables de nuire au mouvement prolétarien. Qui ne se souvient? — des Proudhoniens par exemple, avec leur prétention de détruire l'Etat en en faisant abstraction par la pensée, comme ceux qui ferment les yeux et font semblant de ne pas voir; des Blanquistes d'autrefois, qui voulaient par la force mettre la main sur l'Etat, et *faire* ensuite la révolution — et de Bakunin qui se faufile subrepticement dans l'*Internationale* et oblige les autres à l'en chasser — et puis de ci, de là, de la prétention des si nombreuses écoles du socialisme, et de la concurrence de tant de capitaines !

Depuis l'émiettement du candide Weitling (1) dans une discussion orale, jusqu'à sa terrible critique du programme de Gotha (1875), qui n'a paru il est vrai que fort tardivement (1890), la vie de Marx n'a été qu'une lutte continuelle, non seulement contre la bourgeoisie et contre la politique que celle-ci représente, mais encore contre les différents courants, révolutionnaires ou réactionnaires, qui à

(1) Le russe Annenkoff qui en a été témoin, en a parlé, en même temps que de beaucoup d'autres choses se rapportant à Marx, dans la *Vjestnik Jevropy* en 1880 (Cf. la reproduction dans la *Neue Zeit*, mai 1888).

tort ou sans raison ont pris le nom de socialisme. Ces luttes devinrent acrimonieuses dans l'*Internationale*, et je parle de celle de glorieuse mémoire qui a laissé jusqu'à aujourd'hui des traces si grandes dans toute l'action moderne du prolétariat, et non pas de la caricature qu'on en fit depuis. La plus grande partie des polémiques contre le marxisme, réduit, dans l'imagination de certains critiques, à une simple variété d'école politique, est due à la tradition de ces révolutionnaires qui, notamment dans les pays latins, ont reconnu dans Bakunin leur chef et leur maître. Les anarchistes d'aujourd'hui que répètent-ils, si ce n'est les doléances et les erreurs de ces temps passés?

Il y a une vingtaine d'années, à l'exception de ces savants qui ruminent chez eux les choses qu'ils ont lues dans les livres, la généralité du public italien ne savait peut-être sur les deux fondateurs du socialisme scientifique que ce que la mémoire avait retenu des invectives de Mazzini et des médisances de Bakunin.

Et voici comment le communisme critique, qui a été admis si tard aux honneurs de la discussion dans le cercle de la science officielle, a eu contre lui, dans le socialisme lui-même, la plus grave des adversités : l'inimitié des amis.

Toutes ces difficultés ont déjà été dépassées ou bien elles sont en bonne voie de disparaître.

Ce n'est point par la vertu intrinsèque des idées,

qui n'eurent jamais, ni pieds pour marcher, ni mains pour saisir, mais par le fait seul que, partout où sont nés des partis socialistes, les programmes de ces partis ont pris petit à petit une tendance commune, et il est finalement arrivé que les socialistes de tous les pays sont venus se placer, par la suggestion impérieuse des choses, dans l'angle visuel du *Manifeste des Communistes*. Ne vous semble-t-il pas que c'est au moment opportun que j'en ai célébré la commémoration ? Les classes des exploiteurs sont en train de faire à la masse des exploités, dans toutes les parties du monde, des conditions presque partout identiques : aussi, partout, les représentants actifs de ces exploités entrent dans les mêmes voies d'agitation, et suivent les mêmes critères de propagande et d'organisation. C'est ce que beaucoup appellent le *Marxisme pratique*, — soit ! A quoi sert-il de discuter sur les mots ? Quand aussi le marxisme se réduit pour beaucoup à ce simple mot, ou même au salut du portrait de Marx, à son buste en plâtre, ou à son effigie en breloque (sur ces symboles innocents la police italienne exerce souvent sa bonne humeur), le fait est que cette unité symbolique signifie que l'unité réelle est en train de se développer, et que le prolétariat du monde entier se rapproche, petit à petit, d'une certaine similarité de tendances ; c'est-à-dire que l'*internationalité* s'élabore en lui depuis longtemps et lentement pour des raisons objectives. Ceux qui se servent de la langue des décadents de la bourgeoisie, remplaçant, comme d'habitude, la chose par le symbole, disent maintenant que c'est le triomphe de Marx ; c'est comme si l'on disait que le christianisme est le triomphe (et pourquoi ne pas dire le succès ?) d'un monsieur Jésus de Nazareth, d'un Jésus qui, dépouillé et destitué de la qualité de fils de Dieu fait homme, devient dans le style doucereux de votre Renan, un homme si enfantinement divin qu'il ressemble à un Dieu.

Devant cette expérience intuitive de la politique du socialisme, ce qui revient à dire de la politique du prolétariat, sont tombées les vieilles divergences d'écoles, dont quelques-unes étaient en fait des variétés et des bigarrures de la vanité littéraire, pour faire place aux divergences utiles qui naissent spontanément de la façon différente dont on traite les problèmes pratiques. Dans la réalité, *in concreto*, c'est-à-dire dans le développement positif et prosaïque du socialisme, peu importe que tous ses chefs, ses condottieri, ses orateurs et ses représentants se conforment ou non à une doctrine, et qu'ils en fassent ou non profession de foi publique. Le socialisme n'est ni une église, ni une secte, à laquelle il faut un dogme et une formule fixes. Si aujourd'hui beaucoup parlent du triomphe du Marxisme, cette expression emphatique, quand elle est réduite à une forme cruellement prosaïque, signifie que personne ne peut désormais être socialiste s'il ne se demande pas à chaque instant : que faut-il penser, dire ou faire dans l'intérêt du prolétariat ? Il n'y a plus de place pour les dialecticiens qui sont en réalité des sophistes, comme le fut Proudhon, ni pour les inventeurs de systèmes sociaux subjectifs, ni pour les faiseurs de révolutions privées (1). L'indication pratique de ce qui est faisable est donnée par la condition du prolétariat, et celle-ci peut être appréciée et mesurée précisément parce qu'il y a la mesure du marxisme (je parle ici de la chose réelle et non pas du symbole) comme doctrine progressive. Les deux choses — le mesurable et la mesure, — à distance suffisante, ne font qu'un au point de vue général du processus historique.

Et, en effet, tandis que les contours du socialisme comme action pratique vont se précisant, toutes les idéologies et toutes les poésies anciennes s'évanouissent, ne laissant derrière elles qu'une simple trace phraséologique. En même temps a grandi dans le sein de la science académique, de tous côtés et dans tous les sens, le criticisme de la doc-

(1) En écrivant cela en mai 1897, je ne pouvais évidemment prévoir les soulèvements italiens de mai 1898. Mais ces soulèvements ne démentent point mon affirmation. Ils n'ont été ni voulus, ni préparés, ni appuyés par aucune secte, par aucun parti. Ils ont été un véritable exemple d'*anarchie spontanée*. D'ailleurs les causes de ces mouvements ont été exposées avec une grande clarté et avec courage dans le *Giornale degli Economisti*, et cette étude définitive est d'autant plus remarquable qu'elle a paru au moment même des troubles, puisqu'elle a été insérée dans le numéro du 1er juin (Note de l'édit. franç.).

trine économique. Marx est revenu de son exil, après sa mort, dans le milieu de la science officielle, tout au moins comme un adversaire avec lequel il n'est pas permis de plaisanter. Et de même que les socialistes sont arrivés par des voies si variées à la conscience prosaïque d'une révolution qui ne peut être forgée, mais qui *se fait parce qu'elle devient*, de même s'est lentement préparé un public pour lequel le matérialisme historique est véritablement un besoin intellectuel. Dans ces toutes dernières années, comme vous le savez, nombreux sont ceux qui se sont mis à parler de cette doctrine, mal souvent, ou même à contre sens, mais n'importe. Donc, à y regarder de près, nous n'arrivons pas en retard. J'ai entendu plusieurs fois, dans ma jeunesse, répéter que Hegel avait dit : il n'y a qu'un seul de mes élèves qui m'ait compris. Cette petite histoire ne peut pas être vérifiée parce qu'on n'a pas jusqu'ici pu identifier ce disciple parfait. Cette historiette peut être répétée à l'infini pour tous les systèmes et pour toutes les écoles. Comme en matière d'activité intellectuelle il n'y a pas de suggestion possible, et comme la pensée ne va pas mécaniquement d'un cerveau dans un autre, les grands systèmes ne se répandent que par suite de la similarité des conditions sociales qui y disposent et y amènent beaucoup d'esprits en même temps. Le matérialisme historique s'étendra, se répandra, se spécifiera, il aura même une histoire. Peut-être selon les pays aura-t-il un coloris et une modalité divers. Il n'y aura pas grand mal à cela, pourvu qu'il en reste au fond le noyau qui en est, pour ainsi dire, toute la *philosophie*. Et par exemple, des postulats comme ceux-ci — dans le processus de la *praxis* il y a la nature, c'est-à-dire l'évolution historique de l'homme ; — et en parlant de *praxis*, sous cet aspect de totalité, on entend éliminer l'opposition vulgaire entre la pratique et la théorie, parce que, en d'autres termes, l'histoire c'est l'histoire du travail, et comme, d'un côté, dans le travail ainsi intégralement compris est compris le développement respectivement proportionné et proportionnel des aptitudes mentales et des aptitudes actives, de même, d'un autre côté, dans le concept de l'histoire du travail est comprise la forme toujours sociale du travail lui-même, et les variations de cette forme — l'homme historique est toujours l'homme social, et le prétendu homme présocial, ou supra-social, est un enfant de l'imagination, etc.

Et... ici je m'arrête, d'abord et surtout pour ne pas me répéter et pour ne pas vous redire ici une partie des choses que j'ai mises dans mes deux Essais — ce dont vous ne sentez pas, me semble-t-il, le besoin, ni moi non plus...

IV

Rome, 14 mai 1897

Il me semble — et je retourne ainsi à mon premier sujet — que votre plus grande préocupation est de vous demander : par quelles voies, et de quelle façon, pourrait-on arriver à constituer en France une école du matérialisme historique ? Je ne sais s'il m'est permis à moi de répondre à cette question sans avoir l'air de ressembler à ces journalistes de la vieille école qui donnaient avec une parfaite assurance des conseils à l'Europe, en courant ainsi le risque de n'être presque jamais écoutés, et ils ne l'ont presque jamais été. Je m'y essayerai modestement.

Tout d'abord il me semble qu'il ne doit pas être difficile de trouver en France des éditeurs et des libraires pour éditer et faire connaître ainsi de bonnes traductions des ouvrages de Marx, d'Engels et de ceux de leurs disciples qu'il importe de connaître. Ce serait le meilleur commencement. Je sais que les traducteurs auront à triompher de très graves difficultés. Voici trente-sept ans que je lis des ouvrages allemands et il m'a toujours semblé remarquer que nous, les peuples de langues latines, perdons étrangement de nos aptitudes linguistiques et littéraires quand nous faisons des traductions de cette langue. Ce qui, en allemand, est plein de vigueur, de netteté et saisissant, devient très souvent, par exemple en italien, froid, sans relief, et parfois même du pur galimatias. Dans ces traductions, je parle évidemment des traductions ordinaires et courantes, on perd en même temps que la possibilité de l'insinuation, la puissance de la persuasion. Dans un vaste travail de vulgarisation comme celui dont je parle, il faudrait conserver d'abord l'intégrité des textes mêmes, et que des préfaces, des notes, des commentaires facilitent ce processus d'assimilation qui se fait de lui-même dans la langue originaire.

Les langues ne sont pas, en vérité, les variantes accidentelles du *volapuk* universel, et, même, elles sont beaucoup plus que des moyens extrinsèques de communication et d'expression de la pensée et de l'âme. Elles sont les conditions et les limites de notre activité intérieure, qui, pour cela comme pour tant d'autres raisons, a des formes et des modes nationaux qui ne sont pas de purs accidents. S'il y a des *internationalistes* qui ne s'en rendent pas compte, il faut plutôt les appeler des confusionistes et des *amorphistes*, comme ceux qui vont puiser leur instruction non pas chez les vieux auteurs des apocalypses mais chez cet extraordinaire Bakunin qui demandait même l'*égalisation des sexes*. Donc, dans l'assimilation des idées, des pensées, des tendances, des intentions qui ont trouvé leur expression littéraire parfaite dans des langues étrangères, il y a comme un exemple assez embrouillé de *pédagogie sociale*.

Et, puisque cette expression est venue sous ma plume, permettez-moi de vous confesser que quand j'examine de près l'histoire antérieure et les conditions actuelles de la *Socialdemocratie* allemande, ce n'est pas l'augmentation continue des succès électoraux qui me remplit principalement d'admiration et de forte espérance. Plutôt que de bâtir sur ces votes comme sur des gages d'avenir d'après les calculs parfois trompeurs de la déduction statistique, je me sens plein d'admiration pour ce cas vraiment nouveau et imposant de pédagogie sociale, qui fait que, dans une masse si considérable d'hommes et principalement d'ouvriers et de petits bourgeois, il se forme une conscience nouvelle à laquelle concourent dans une mesure égale le sentiment direct de la situation économique, qui pousse à la lutte, et la propagande du socialisme compris comme un but ou comme un terrain d'approche. Cette digression évoque en moi un souvenir. J'ai été ici, en Italie, le premier ou certainement un des premiers, à appeler sur l'exemple de l'Allemagne, par la plume et par la parole, pendant plusieurs années, dans des circonstances variées et avec insistance, l'attention de cette partie de nos ouvriers qui étaient et sont capables de se mettre en mouvement sur la ligne de la lutte prolétarienne moderne. Mais... il ne m'est jamais passé par la tête de croire que l'imitation puisse dispenser de la spontanéité ; je n'ai jamais pensé qu'il fallait suivre l'exemple de ces moines et de ces prêtres qui ont été pendant des siècles presque les seuls éducateurs de l'Italie déjà en décadence, et qui, avec un grand sérieux, fabriquaient des poëtes en leur faisant apprendre par cœur l'*art poétique* d'Horace. Ce serait un beau spectacle que te voir apparaître parmi nous, toi Bebel, si actif et si prudent, sous la forme d'un nouvel Horace. Cela étonnerait même mon ami Lombroso, qui déteste le latin plus même que la pellagre.

Il y a donc des difficultés plus intimes, de plus grande portée et de plus grand poids. Même s'il arrivait que des éditeurs et des libraires, habiles et diligents, se donnassent pour tâche de répandre non pas seulement en France, mais encore dans tous les autres pays civilisés, les traductions de tous les ouvrages écrits sur le matérialisme historique, cela servirait seulement à stimuler, mais non pas à former et à constituer chez chacune de ces nations les énergies actives qui produisent et tiennent en éveil un courant de la pensée. Penser, c'est produire. Apprendre, c'est produire en reproduisant. Nous ne savons bien et vraiment que ce que nous sommes nous-mêmes capables de produire, en pensant, en travaillant, en essayant et en expérimentant,et toujours au moyen des forces qui nous appartiennent en propre, sur le terrain social et dans l'angle visuel dans lequel nous nous trouvons.

Et puis il s'agit de la France avec sa longue histoire, avec sa littérature, qui a été tellement dominante pendant des siècles, avec son ambition patriotique, et avec sa différentiation ethno-psychologique si particulière, qui se reflète même dans les produits les plus abstraits de la pensée ! Ce n'est pas à moi, italien, à prendre la défense de vos *chauvins*, auquel vous infligez un blâme si mérité. Mais rappelez-vous cependant ce qui est arrivé au siècle dernier. La pensée révolutionnaire naissait presque partout dans le monde civilisé, en Italie, en Angleterre, en Allemagne, mais elle ne devint européenne qu'à la condition de se modeler dans l'esprit français, et la révolution française fut la révolution en Europe. Cette gloire impérissable de votre nation pèse, comme toutes les gloires, sur la nation elle-même, tel le cauchemar d'un préjugé enraciné. Mais les préjugés ne sont-ils pas eux aussi des forces — tout au moins en ce qu'ils sont des empêchements ? Paris ne sera plus le cerveau du monde, pour cette raison aussi d'ailleurs que le monde n'a pas de cerveau si ce n'est dans l'imagination de certains sociologistes spécieux (1). Paris n'est pas actuellement, et il ne sera plus dans l'avenir la Jérusalem sainte des révolutionnaires de toutes les parties du monde — comme il semble qu'il l'a été. La future révolution prolétarienne n'aura rien qui la fasse ressembler au millenium apocalyptique : et puis, aujourd'hui, les privilèges ont pris fin pour les nations comme pour les individus. C'est ce qu'Engels avait fort justement observé, et d'ailleurs il ne serait pas inutile, pour les Français, de lire ce qu'il écrivait en 1874 au sujet des Blanquistes qui poussaient à la révolte immédiate, précisément quelques années après la catastrophe de la *Commune* (2). Mais tout bien considéré... et en tenant compte des conditions propres à l'agriculture et à l'industrie françaises, qui ont retardé pendant si longtemps la concentration du mouvement ouvrier, et étant donné la bonne part de torts qui revient aux chefs de secte et aux chefs d'école, qui ont tenu pendant si longtemps séparé et divisé le socialisme français, il reste vrai que le maté-

(1) Longtemps avant que le *symbolisme* et les *analogies organiques* fussent devenus une mode en sociologie, j'ai eu l'occasion d'écrire contre cet étrange courant dans un article qui servait de compte-rendu à la *Psychologie sociale* de Lindner. Cf. *Nuova Antologia*, décembre 1872, pp. 971-989 (Note de l'édition française).

(2) Dans l'article ayant pour titre : *Programm der blanquistischen Kommüne-Flüchtinge* paru dans le *Volksstaat*, num. 73, et reproduit pag. 40-46 de la brochure : *Internationales aus dem Volksstaat*, Berlin, 1894.

rialisme historique ne pourra faire son chemin chez vous aussi longtemps qu'il aura l'air d'être un simple produit intellectuel des *deux allemands de grand talent*. Mazzini aiguisait précisément par cette expression les ressentiments nationaux contre les deux auteurs, qui, en tant que matérialistes et communistes, semblaient devoir tout naturellement mettre sens dessus dessous l'idéaliste devise de Mazzini : *la patrie et Dieu*.

A ce point de vue le sort des deux fondateurs du socialisme scientifique a été presque tragique. Ils ont passé plus d'une fois pour *les deux allemands* aux yeux de beaucoup, qui furent des *chauvins* même parmi les révolutionnaires, parfois pour des agents du *pangermanisme* dans les invectives de ce Bakunin qui eut l'esprit si bien disposé à inventer.... pour ne pas dire plus : *les deux allemands*, eux qui, dans leur patrie, qu'ils ont quittée en exilés dès les années de leur première jeunesse, n'ont trouvé que le silence voulu de ces professeurs pour lesquels le servilisme est un acte de patriotisme ! Au fond, ces professeurs se vengeaient. En effet, dans le *Capital*, qui a ses racines dans les traditions de l'économie classique, y compris les écrivains ingénieux et souvent de grand mérite de l'Italie du XVIIe, il n'est jamais parlé qu'avec un souverain mépris de MM. Roscher et consorts. Engels, qui a rendu populaires les résultats des recherches de l'américain Morgan avec une si grande habileté d'exposition, étant absolument convaincu que ce qu'il appelait fort justement la philosophie classique était arrivé au moment de sa dissolution avec Feuerbach, ne tint aucun compte, et franchement il alla trop loin, en écrivant l'*Antidühring*, de la philosophie contemporaine — dédain explicable chez lui, mais ridicule chez les socialistes qui ne l'affichent que par imitation —, c'est-à-dire de la *néo critique* de ses compatriotes. Cette destinée tragique était intimement connexe à leur mission. Ils ont donné toute leur âme et toute leur intelligence à la cause du prolétariat de tous les pays : et c'est pour cela que les produits de leur science n'ont pour public dans tous les pays que ceux qui se recrutent parmi les gens qui sont capables d'une révolution intellectuelle analogue. En Allemagne, où pour des conditions historiques spéciales, et surtout parce que la bourgeoisie n'a jamais réussi à se débarrasser complètement de l'*Ancien Régime* (voyez cet empereur qui peut impunément parler comme un demi-dieu — et qui n'est en somme qu'un Frédéric Barberousse devenu commis-voyageur de l'*in German made*), la démocratie sociale a pu se constituer et se grouper en phalange serrée, il était naturel que les idées du socialisme scientifique trouvassent un terrain favorable à leur diffusion normale et progressive. Mais aucun socialiste allemand — je l'espère du moins — n'aura jamais l'idée d'apprécier les idées de Marx et d'Engels en se plaçant au simple point de vue des droits et des devoirs, des mérites et des démérites des *camarades de Parti*. Voici par exemple ce qu'écrivait Engels il n'y a pas longtemps (1). « On sera frappé de ce que dans tous ces articles je me qualifie, non pas de *démocrate-social*, mais de *communiste*. C'est parce qu'à cette époque on donnait le nom de démocrates-sociaux, dans un grand nombre de pays, à ceux qui n'avaient pas sur leur drapeau l'appropriation de tous les moyens de production par la société. Par *démocrate-social* on désignait en France un républicain démocrate, qui avait des sympathies plus ou moins véritables, mais qui cependant demeuraient toujours indéterminées, pour la classe ouvrière ; des gens, en somme, comme les Ledru-Rollin de 1848 et comme les *radicaux socialistes* de 1874, qui étaient plus ou moins teintés de proudhonisme. En Allemagne on appelait démocrates-sociaux les Lassalliens ; mais, bien que la grande majorité d'entre eux reconnût petit à petit la nécessité de la socialisation des moyens de production, cependant les coopératives de production subventionnées par l'Etat restaient le point essentiel du programme du parti dans son action publique. Il était absolument impossible à Marx et à moi de choisir un mot d'une telle élasticité pour désigner

(1) Page 6 de la préface de la brochure, déjà citée, *Internationales aus dem Volksstaat*, qui reproduit des articles d'Engels parus en 1871-1875. La préface — il est bon de le souligner — est du 3 janvier 1894.

notre *point de vue spécifique*. Il en est tout autrement aujourd'hui ; le mot peut *aller, bien qu'il ne soit pas exact pour désigner un parti dont le programme est non pas socialiste en général, mais directement communiste, et dont le but politique final est de dépasser toutes les formes d'Etat, et par conréquent aussi la démocratie* ».

Les *patriotes* — et je ne me sers pas de ce mot par raillerie — ont, me semble-t-il, de quoi se consoler et se réconforter. Il n'est pas vrai, en somme, que le matérialisme historique soit le patrimoine intellectuel d'une seule nation, ou qu'il doive rester le privilège d'une *clique*, d'un groupe ou d'une secte. Et d'abord, il appartient par son origine objective à la France, à l'Angleterre et à l'Allemagne, dans une mesure égale. Je ne veux pas répéter ici ce que j'ai dit dans une autre lettre, de la forme de penser qui résulta, dans l'esprit de nos deux auteurs, du stade auquel était arrivée, dans leur jeunesse, la culture intellectuelle des Allemands, et la philosophie en particulier, tandis que l'Hegelianisme se perdait dans les petits ruisseaux d'une nouvelle scolastique, ou donnait lieu à un criticisme nouveau et plus puissant. Mais il y avait aussi la grande industrie anglaise avec toutes les misères qui l'accompagnaient et avec le contre-coup idéologique de Owen et le contre-coup pratique de l'agitation chartiste. Mais il y avait aussi les écoles du socialisme français, et la tradition révolutionnaire de l'*Occident* qui arrivait à des formes de communisme de caractère prolétarien moderne. Qu'est-ce que le *Capital* sinon la critique de cette économie qui, comme révolution pratique et comme représentation théorique de cette même révolution, ne s'était pleinement développée qu'en Angleterre, jusque vers 1860, et qui ne faisait que commencer en Allemagne ? Qu'est-ce que le *Manifeste des Communistes*, sinon l'explication et l'aboutissant du socialisme latent ou visible des mouvements ouvriers de France et d'Angleterre ? Mais toutes ces choses ont été continuées et achevées, y compris la philosophie de Hegel, par cette critique immanente qui est la dialectique avec ses inversions, c'est-à-dire par cette négation qui n'est pas une simple opposition banale d'un concept à un autre concept, d'une opinion à une autre opinion, à la façon des avocats, mais qui au contraire rend vrai *ce qu'elle nie*, parce qu'elle trouve dans ce qu'elle nie et dépasse la condition (de fait) ou la prémisse (conceptuelle) du processus lui-même (1).

La France et l'Angleterre peuvent reprendre, sans paraître faire acte de pure imitation, leur part dans l'élaboration du matérialisme historique. Pourquoi les Français n'écriraient-ils pas maintenant des livres vraiment critiques sur Fou-

(1) C'est pour cela que Hegel et les Hegeliens, qui ont si souvent fait usage des symbolismes verbaux, employaient le mot *aufheben*, qui peut signifier, aussi bien *enlever et déplacer*, que *élever* et, par suite, *faire monter en grade*.

rier et sur Saint-Simon, en tant qu'ils furent et dans la mesure où ils furent de véritables précurseurs du socialisme contemporain ? Ne peut-on pas travailler littérairement sur les mouvements révolutionnaires de 1830 à 1848 de façon à ce qu'on voit que la doctrine du *Manifeste* n'a pas été leur négation, mais leur aboutissant et qu'elle les a résolus ? Comme pendant à ce *18 Brumaire* de Marx qui, tout en étant un travail de génie et qui ne peut être dépassé dans son effet voulu, est cependant un écrit de circonstance et de publiciste, ne devrait-on pas écrire une histoire documentée du *Coup d'Etat ?* Mais la *Commune* n'attend-elle pas encore son étude critique définitive ? Mais la *Grande Révolution*, sur laquelle il y a une littérature colossale quant à l'ensemble et très minutieuse dans les détails, a-t-elle été jusqu'ici étudiée à fond dans tout l'ensemble des rapports du soulèvement et du frottement des classes qui y ont pris part, et comme un cas exemplaire de sociologie économique ? En résumé, toute l'histoire moderne de la France et de l'Angleterre n'offre-t-elle pas aux studieux un terrain plus large et plus certain pour servir d'illustration au matérialisme historique que n'auraient pu l'offrir jusqu'à ces derniers temps les conditions de l'Allemagne ? Celles-ci ont été, en effet, depuis la *Guerre de trente ans*, énormément embrouillées par les obstacles mis à leur développement, et, dans la tête de ceux qui les ont étudiées sur place, elles sont presque toujours restées enveloppées dans une sorte de nébulosité idéologique, qui prêterait à rire aux chroniqueurs florentins du XIVe siècle.

Je me suis arrêté sur ces détails non pas pour avoir l'air de donner des conseils à la France, mais afin de pouvoir faire remarquer en terminant que, étant donné la forme des cerveaux des pays latins, ce n'est pas chose aisée que de faire entrer en eux des idées nouvelles, si on se contente de les représenter exclusivement comme des formes abstraites de la pensée, alors qu'elles arrivent à y pénétrer rapidement et comme par suggestion, quand elles sont modelées dans des récits et des exposés qui, en quelque manière, ressemblent aux produits de l'art.

Je reviens pour un moment à la question de traduction. L'*Antidühring* est le premier livre qui doit tout d'abord entrer dans la circulation internationale. Peu de livres, à ma connaissance, peuvent lui être comparés pour la densité de la pensée, pour la multiplicité des points de vue, pour la ductilité de pénétration suggestive. Il peut être une *medicina mentis* pour la jeunesse intellectuelle qui d'ordinaire se tourne, incertaine d'elle-même et avec des critères assez vagues, vers ce qu'on appelle d'une façon générique le socialisme : et c'est ce qu'il a été, quand il fut publié, comme l'a écrit Bernstein dans une sorte de commémoration publiée dans le *Neue Zeit*, il y a trois ans. Dans la littérature socialiste, il est le livre qui n'a pas été dépassé.

Mais ce livre ne développe pas une thèse, il n'est que la critique d'une thèse. Sauf les passages qu'on peut isoler, comme ceux qui ont formé un opuscule qui depuis longtemps fait le tour du monde (*Socialisme utopique et socialisme scientifique*), ce livre a son fil conducteur dans la critique de M. Dühring, en tant que celui-ci fut l'inventeur d'une philosophie et d'un socialisme de sa façon. Mais, qui donc, si ce n'est dans le cercle des professeurs, et combien en dehors des Allemands, doit vraiment s'intéresser à M. Dühring ? Tous les pays ont, malheureusement, leur Dühring. Qui sait quels autres *anti* écrirait ou aurait écrit un Engels d'un autre pays? La portée véritable de ce livre me semble devoir être de permettre aux socialistes des autres pays et des autres langues de se munir de ces aptitudes critiques indispensables pour écrire tous les autres *anti-x* nécessaires pour combattre tous ce qui gêne ou infeste le socialisme au nom de toutes ces sociologies qui pullulent de toute part. Les armes et les moyens de la critique doivent, dans les différents pays, subir la loi de la variabilité et de l'adaptation. Soigner le malade et non la maladie, c'est là le caractère moderne de la médecine.

Si l'on procédait autrement, on courrait le risque d'avoir le sort des Hégéliens qui poussèrent en Italie de 1840 à 1880, et notamment dans le Midi, et particulièrement à Naples. En général ils ne furent que des épigones, quelques-uns cependant ont été de vigoureux penseurs. Dans l'ensemble ils représentaient un courant révolutionnaire de grande importance, si on le compare au scolasticisme traditionnel, au spiritualisme à la française, et à la philosophie du soi-disant bon sens. Ce mouvement n'a pas été complètement ignoré en France, parce que c'est l'un de ces Hégéliens, et qui n'était ni des plus profonds ni des plus forts, Véra, (1) qui a donné à la France les traductions les plus lisibles, avec de très longs commentaires, de quelques-unes des œuvres fondamentales de Hegel. La trace et le souvenir de ce mouvement a disparu chez nous depuis quelques années. Les ouvrages de ces penseurs ne se retrouvent que chez les marchands de vieux livres et chez les bouquinistes. Cette disparition dans le néant de toute une activité scientifique, qui avait son importance, n'est pas due seulement aux petits côtés de la vie universitaire, ni à la diffusion épidémique du *positivisme*, qui a donné un peu partout des fruits qui semblent n'être que de *demi-monde*, mais à des raisons plus intrinsèques. Ces Hégéliens ont écrit, ont enseigné, et ont discuté comme s'ils avaient été non à Naples, mais à Berlin, ou je ne sais où. Ils discutaient mentalement

(1) En 1870, il écrivait encore une *Philosophie de l'histoire* en Hégélien de l'étroite observance, dont j'ai fait une critique vigoureuse dans un compte-rendu paru dans la *Zeitschrift für exakte Philosophie*. vol. X, n° 1, 1872, pag. 79 et suiv. (Note de l'édit. franç.)

avec leurs *camarades d'Allemagne* (1). Ils répondaient, du haut de leur chaire ou dans leurs ouvrages, aux objections de critiques que seuls ils connaissaient, et le dialogue qui s'établissait ainsi n'était qu'un monologue pour les auditeurs et pour les lecteurs. Ils n'arrivèrent pas à modeler leurs études et leur dialectique dans des livres qui fussent une nouvelle acquisition intellectuelle pour notre pays. Ce souvenir peu agréable et peu flatteur pour moi était présent à mon esprit lorsque, presque malgré moi, je me mis à écrire le premier de mes deux essais sur le matérialisme économique, auxquels il n'y a plus maintenant de raison pour que je n'en ajoute point d'autres. Je me suis demandé plus d'une fois, mais que dois-je faire de moimême, afin de dire des choses qui ne semblent pas insaisissables, étrangères, étranges aux lecteurs

(1) Rosenkranz, un des coryphées des épigones hégéliens n'a-t-il pas écrit tout un livre sur : *Hegel's Naturphilosophie und die Bearbeitung derselben durch den italienischen Philosophen A. Vera*, Berlin. 1868 ? Et voici quelques passages à l'appui de mon affirmation. « Il est intéressant de voir l'allemand de Hegel renaître dans la langue italienne. Messieurs... (ici toute une liste de noms).. et beaucoup d'autres rendent les idées de Hegel avec une précision et une facilité telles que cela eut semblé, il y a dix ans, impossible en Allemagne » (page 3). « Véra est le disciple le plus exact qu'ait jamais eut Hegel, il le suit pas à pas avec une dévotion entière » (pag. 5). « Désormais, on peut conseiller à ceux qui auront quelque difficulté à lire Hegel en Allemand, de lire la traduction de Véra. Il pourra toujours comprendre celle-ci, pourvu que, évidemment, il ait les capacités indispensables à la connaissance philosophique » (pag. 9).

italiens ? Vous me dites que j'y ai réussi : soit. Ce serait certainement manquer de courtoisie que de réfuter par le raisonnement, en juge, les éloges que vous me faites.

« En lisant — c'est à peu près ce que j'écrivais à Engels, il y a cinq ans — la *Heilige Familie*, je me suis souvenu des Hégéliens de Naples, au milieu desquels j'ai vécu dans ma jeunesse, et il me semble avoir compris et goûté ce livre plus que ne le pourront faire beaucoup de lecteurs, auxquels manquent maintenant les données spéciales et instructives de ce curieux humorisme. Il me semblait avoir vu moi-même de près cette étrange coterie de Charlottenburg, que vous avez Marx et vous si étonnamment *persiflée*. Je revoyais plus nettement que tous les autres un professeur d'esthétique, homme fort original et plein de talent, qui *déduisait* les romans de Balzac, *construisait* la coupole de St-Pierre et disposait en série génétique les instruments de musique ; et petit à petit, de négation en négation, et avec la négation de la négation, arriva finalement à la métaphysique de l'*inconnaissable*, qu'il appelait, ignorant comme il le fut toujours de Spencer, et comme un Spencer méconnu, l'*innomable*. J'ai vécu, moi aussi, tout jeune dans cette espèce de tournoi, et je ne le regrette point ; j'ai vécu pendant des années, indécis entre Hegel et Spinoza ; et dans mon ingénuité juvénile j'ai défendu la dialectique du premier contre Zeller qui commençait le *néokantisme* ; je savais par cœur les ouvrages du second et j'ai exposé, avec amour, sa théorie des sentiments et des passions. Toutes ces choses me reviennent à la mémoire, comme d'une préhistoire très lointaine ! Ai-je subi moi aussi ma négation de la négation ? Vous me poussez à écrire sur le *communisme*, mais je crains toujours de ne faire qu'une œuvre de peu de valeur, et de peu de portée pour l'Italie ».

Et lui me répondait..... ; mais ici mettons un point. Il me semble qu'il y a quelque inconvenance à reproduire, sans des raisons pressantes d'intérêt public, les lettres privées, surtout peu de temps après la mort de celui qui les a écrites. Dans tous les cas, même en supprimant dans ces lettres privées tout ce qu'il peut y avoir d'occasionnel, et en ne conservant que ce qui touche à la doctrine et à la science, elles ne sont que de faibles témoignages et elles n'ont que peu de poids à côté des écrits destinés volontairement à la publicité. A mesure qu'on s'intéressait davantage au matérialisme historique et à défaut d'une littérature qui l'illustre longuement et en détails, il est arrivé qu'Engels, dans les dernières années de sa vie, en professeur sans chaire, était interrogé, et même continuellement assailli de questions sans nombre par beaucoup, qui s'inscrivaient d'eux-mêmes comme étudiants libres dans l'Université, errante et hors la loi, du socialisme. De là les lettres qui ont été publiées et beaucoup d'autres qui sont restées inédites. Dans les trois lettres (1) que le *Devenir Social* a reproduites récemment, d'après une revue de Berlin et un journal de Leipzig, on voit nettement qu'il avait une certaine crainte que le marxisme ne devint trop vite une doctrine à bon marché.

A beaucoup de ceux qui professent, non pas dans l'Université errante du monde futur, mais dans celle qui existe réellement dans la société officielle actuelle, il arrive souvent d'être mis au pied du mur par des étudiants ou des esprits curieux afin qu'ils répondent, *uno pede stantes*, à toutes les questions, comme s'ils avaient imprimée dans leur cerveau la raison universelle des choses. Les plus vaniteux parmi les professeurs, pour ne pas donner un démenti au caractère sacramentel et hiératique de la science, et comme si celle-ci consistait uniquement dans le matériel des choses sues, et non pas principalement dans la virtuosité et la correction formelle de l'acte de savoir, répondent sans hésitation, arrivant ainsi assez souvent à faire leur propre satire, imitateurs de cet excellent Méphistophélès, en masque de docteur des quatre facultés. Il en est peu qui aient la résignation socratique de répondre : je ne sais pas, mais je sais que je ne sais pas, et je sais que l'on pourra savoir, et moi même je pourrai savoir si

(1) V. Appendice II de ce volume. (Note de l'édit. franç.).

je dépense tous les efforts, c'est-à-dire tout le travail, nécessaires pour savoir ; — et si vous me donnez des années sans nombre et l'aptitude indéfinie de m'appliquer d'une manière méthodique au travail, je pourrai indéfiniment savoir presque tout.

Et c'est en cela que consiste ce renversement pratique de la théorie de la connaissance, qui est impliquée dans le matérialisme historique.

Tout acte de pensée est un effort, c'est-à-dire un travail nouveau. Pour le faire, il faut tout d'abord posséder les matériaux d'une expérience mûrie et que les instruments méthodiques soient devenus familiers et maniables par un long usage. Il n'est pas douteux que le travail produit, c'est-à-dire la pensée produite, facilite les efforts nouveaux destinés à la production d'une nouvelle pensée ; d'abord, parce que les produits antérieurs demeurent objectivés dans les moyens intuitifs de l'écriture et des autres arts représentatifs, et, en second lieu, parce que l'énergie accumulée en nous pénètre et insuffle le travail nouveau en donnant comme un rythme de la marche à suivre, et c'est en cela (c'est-à-dire dans le rythme) que consiste précisément la méthode de la mémoire, du raisonnement, de l'expression, de la communication des idées, etc. Mais on ne devient jamais des machines pensantes ! Toutes les fois que nous nous mettons à nouveau à penser, non seulement il nous faut toujours les moyens et les aiguillons extérieurs et objectifs de la matière empirique, mais il nous faut encore un effort approprié pour passer des états les plus élémentaires de la vie psychique à cet état supérieur, dérivé et complexe, qu'est la pensée, dans lequel nous ne pouvons nous tenir que grâce à une attention volontaire, qui a une intensité et une durée spéciales et qui ne peuvent être dépassées.

Ce travail qui se révèle à nous, dans notre conscience directe et immédiate, comme un fait qui ne nous concerne qu'en tant que nous sommes des personnes particulières et circonscrites dans notre individuation naturelle, ne se réalise en chacun de nous qu'en tant que nous sommes, précisément dans le milieu social, des êtres socialement et par conséquent aussi historiquement conditionnés. Les moyens de la vie sociale qui sont, d'un côté, les conditions et les instruments, et de l'autre, les produits de la collaboration diversement spécifiée, constituent, en plus de ce que nous offre la nature proprement dite, la matière et les aiguillons de notre formation intérieure. De là naissent les habitudes secondaires, dérivées et complexes, grâce auxquelles, au delà des limites de notre configuration corporelle, nous sentons notre propre moi comme la partie d'un *nous*, ce qui, d'une manière concrète, veut dire d'une façon de vivre, d'un état des mœurs, d'une institution, d'un état, d'une église, d'une patrie, d'une tradition historique, etc. Dans ces corrélations d'association pratique qu'il y a d'individu à individu, se trouve la racine et la base objective et prosaïque de toutes ces différentes représentations et expressions idéologiques de l'esprit public, de la *psyché* sociale, de la conscience ethnique, etc., autour desquelles, comme gens qui prennent pour des *entités* et des *substances* les *rapports* et les *relations*, spéculent, en métaphysiciens de la mauvaise école, les sociologues et les psychologues, que j'appellerais symbolistes et symbolisants. Dans ces mêmes rapports pratiques naissent les courants communs pour lesquels la pensée individuelle et la science qui en dérive sont de véritables *fonctions sociales*.

Et ainsi nous retombons dans la *philosophie de la praxis*, qui est l'essence du matérialisme historique. C'est là la philosophie immanente aux choses sur lesquelles elle philosophe. De la vie à la pensée et non de la pensée à la vie : c'est là le processus réaliste. Du travail, qui est connaître en agissant, au connaître comme théorie abstraite : et non pas de celui-ci à celui-là. Des besoins et par là, des différents états internes de bien-être et de mal-être naissant de la satisfaction et de la non satisfaction des besoins, à la création mythico-poétique des forces cachées de la nature : et non pas *vice versa*. Dans ces idées est le secret d'une expression de Marx, qui a été pour beaucoup un casse-cou, c'est-à-dire qu'il avait *renversé* (1)

(1) Le verbe employé par Marx *umstülpen* s'emploie d'ordinaire pour *relever* les pantalons et pour retrousser les manches.

5

la dialectique de Hegel : ce qui veut dire, dans la prose ordinaire, qu'au mouvement rythmique spontané d'une pensée existant d'elle-même (la *generatio æquivoca* des idées !) est substitué le mouvement spontané des choses, dont la pensée est finalement un produit.

Enfin, le matérialisme historique, c'est-à-dire la *philosophie de la praxis*, en tant qu'il pénètre tout l'homme historique et social, de même qu'il met fin à toutes les formes d'idéalisme, qui considèrent les choses empiriquement existantes comme un reflet, une reproduction, une imitation, un exemple, une conséquence, etc., d'une pensée, quelle qu'elle soit, présupposée, de même, il est la fin aussi du matérialisme naturaliste, au sens traditionnel du mot jusqu'à il y a quelques années. La révolution intellectuelle qui a conduit à considérer comme absolument objectif les processus de l'histoire humaine, est contemporaine et correspond à cette autre révolution intellectuelle qui a abouti à *historiser* la nature physique. Celle-ci n'est plus, pour tout homme qui pense, un *fait*, qui n'a jamais été *in fieri*, un *arrivé* qui n'est jamais *devenu*, un éternel *étant* qui ne *change* pas, et moins encore le *créé* en une seule fois, qui n'est pas la *création* continuellement en acte.

V

Rome, 24 mai 1897.

En reprenant au point où je m'étais arrêté dans ma dernière lettre, il me semble que vous avez raison de remettre sur le tapis le problème de la philosophie en général. Je me réfère, en disant cela, non seulement à votre *Préface*, dont je multiplie pour ainsi dire l'effet dans cette longue conversation épistolaire, mais aussi à quelques-uns de vos articles dans le *Devenir Social*, et, de plus, à quelques-unes des lettres particulières que vous avez eu l'obligeance de m'écrire. Vous êtes inquiet au fond de ce que le matérialisme historique peut sembler flotter dans le vide aussi longtemps qu'il aura contre lui d'autres philosophies, avec lesquelles il n'est pas en harmonie, et tant qu'on n'arrivera pas à développer la philosophie qui lui est propre, c'est-à-dire celle qu'il implique et qui est immanente à ses postulats et à ses prémisses.

Vous ai-je bien compris ?

Vous parlez d'une façon explicite de la psychologie, de l'éthique et de la métaphysique. Par ce dernier terme vous entendez ce que, par suite d'habitudes mentales différentes, et pour des raisons didactiques, j'appellerais par exemple : *Doctrine générale de la connaissance*, ou des *formes fondamentales de la pensée*, ou autrement encore, par excès de prudence, ou par crainte de tomber dans une équivoque, et aussi pour ne pas heurter certains préjugés. Je passe sur ces accessoires terminologiques, d'autant plus que, en fait de science, nous ne sommes pas obligés de nous en tenir à la signification que les termes ont dans l'expérience courante et dans l'intuition commune (quand, comme dans la vie ordinaire, nous ne pouvons pas appeler le pain autrement que le pain), mais ces significations nous les fixons nous-mêmes, en *posant* et en *développant* les concepts que nous voulons résumer dans une courte formule par un mot de convention. A quoi n'aboutirait-on pas si on voulait déduire la signification et le contenu de la chimie, par exemple, de l'étymologie de ce mot : nous nous trouverions en présence de la très ancienne Egypte, devant le mot qui désigne la terre jaune qui s'étend des deux bords du Nil jusqu'aux montagnes !

Je vous laisse en paix avec ce mot de métaphysique, s'il vous plait de vous en accommoder. Frivolités ! Si un rédacteur de catalogue mettait demain sous la rubrique des *metà physikà* les *Premiers principes* de Spencer, il ferait exactement ce que fit le bibliothécaire de Pergame lorsqu'il mit cette étiquette sur ces différents traités de *philosophie première* (Aristote ne les désigne pas sous un autre nom) auxquels tous les efforts des commentateurs anciens et des critiques modernes n'ont pas réussi à donner la clarté et la suite d'un livre achevé. Qui sait combien de gens seraient heureux maintenant de découvrir que, en fin de compte, le vieux Stagirite qui a encombré l'esprit des hommes pendant tant de siècles, et qui a servi de drapeau à tant de batailles de l'esprit, n'a été qu'un Spencer du temps passé, qui, par la seule faute des temps, a écrit en grec, et même quelque peu en assez mauvais grec.

La tradition ne doit pas peser sur nous comme un cauchemar, comme un empêchement, comme un embarras, comme un objet de culte et de stupide vénération, et sur ce point nous sommes d'accord, — mais, d'autre part, la tradition c'est ce qui nous tient dans l'histoire, et cela revient à dire que c'est ce qui nous rattache aux conditions péniblement acquises, qui facilitent le travail actuel et rendent possible le progrès. A faire autrement on nous rapproche de l'animal, parce que seul le travail séculaire de l'histoire nous différencie des bêtes. Et de plus, tous ceux qui se mettent à étudier, serait-ce même de la manière la plus concrète, la plus empirique, la plus particulière, la plus détaillée et la plus circonstanciée, un côté quelconque de la réalité, ne peuvent se refuser à admettre qu'à un certain moment ils sont comme assaillis par le besoin de repenser aux formes générales (c'est-à-dire aux catégories) qui sont toujours présentes dans les actes particuliers de la pensée (unité, pluralité, totalité, condition, fin, raison d'être, cause, effet, progression, fini, infini, etc.). Or, pour peu que nous soyons arrêtés par cette nouvelle curiosité, les problèmes universels de la connaissance s'imposent à nous, ils nous apparaissent comme nécessairement *donnés* : — et c'est dans cette suggestion inévitable que trouve son origine et sa place ce que vous appelez la *métaphysique*, et que l'on pourrait désigner d'un autre nom.

Mais il s'agit de savoir ce que nous faisons ensuite de ces *données*. D'une façon très générale, la caractéristique de la pensée classique (chez les Grecs), c'est une certaine naïveté dans l'emploi et dans la mise en œuvre de ces concepts. Dans la philosophie moderne, ici encore d'une façon générale, la caractéristique, c'est le doute méthodique et partant le *criticisme*, qui accompagne, telle une caution soupçonneuse, l'usage de ces formes dans leur portée intrinsèque comme dans leur portée extrinsèque. Ce qui décide ce passage de la *naïveté* à la *critique* c'est l'*observation méthodique* (rarement employée et d'une façon subsidiaire chez les anciens), et, plus que l'observation, l'*expérimentation* volontairement et techniquement conduite (qui fut presque complètement négligée dans l'antiquité). En expérimentant nous devenons les collaborateurs de la nature — nous produisons artificiellement ce que la nature produit d'elle-même. En expérimentant, les choses cessent d'être pour nous de simples objets rigides de la vision, parce qu'elles naissent sous notre direction, et la pensée cesse d'être une anticipation servant de modèle aux choses, elle devient *concrète*, parce qu'elle *croît* avec les choses, parce qu'elle *va grandissant* progressivement avec l'intelligence que nous acquérons de celles-ci. L'expérimentation volontaire et méthodique finit par nous amener à la persuasion de cette vérité très simple : que même avant que ne naquit la science, et chez tous ceux qui n'arrivent pas à la science, les activités intérieures, y compris l'emploi de la réflexion courante, se manifestent et se développent, sous la sollicitation des besoins, comme un accroissement de nous en nous-mêmes, c'est-à-dire qu'elles sont une formation de conditions nouvelles, successivement élaborées (1).

A ce point de vue même le matérialisme historique est le terme d'un long développement. Il justifie

(1) « Les jeux de l'enfance, et ce n'est pas là un badinage, sont le premier principe et le premier fondement de tout le sérieux de la vie ; ce sont eux qui, permettant à l'activité interne de se décharger, aboutissent petit à petit à des actes de connaissance et à un lent passage d'un état de conscience à un autre état. A un moment donné, c'est-à-dire au faîte de celle-ci, naît l'illusion que la direction et l'empire que *nous avons acquis* (de nous sur nous-mêmes) est une puissance originaire et la cause constante de tous ces effets visibles dont nous avons, nous et les autres, le témoignage objectif dans les actes mêmes », pag. 13-14 de mon petit livre : *Del Concetto della Libertà, Studio psicologico*, Roma, 1878, qui a été écrit au moment même de la crise de la psychologie.

jusqu'au *processus* historique du savoir scientifique, en le rendant qualitativement conforme et quantitativement proportionnel à la capacité du travail, c'est-à-dire en le faisant successivement correspondant aux besoins.

Je reviens à vous et j'approuve les coups d'étrivière que vous donnez à l'*agnosticisme*. Il est le *pendant* anglais du *néokantisme* allemand, mais avec une différence importante. Le *néokantisme* n'est, en somme, qu'un courant académique qui nous a donné avec une plus claire connaissance de Kant une utile littérature d'érudits, tandis que l'*agnosticisme*, par suite de sa diffusion populaire, est un fait symptomatique des conditions actuelles de certaines classes sociales. Les socialistes auraient toutes les raisons de croire que ce fait symptomatique est un des indices de la décadence de la bourgeoisie. Il fait certes un sombre contraste avec la confiance héroïque dans le vrai qui soutient la pensée dans les prodromes de l'histoire moderne (Bruno et Spinoza !), avec l'attitude de *Conventionnels*, qui a été caractéristique des penseurs du siècle dernier jusqu'à la philosophie classique allemande, et même avec la précision des méthodes de recherche, qui ont, à notre époque, tellement augmenté la domination de la pensée sur la nature. On dirait la résignation de la peur. Il lui manque le caractère essentiel de toute philosophie, selon Hegel, le courage de la vérité. L'un

quelconque de ces marxistes qui passent, sans scrupules et sans hésitations, des conditions économiques aux réflexes idéologiques, comme l'on traduirait *ipso facto* les signes sténographiques, pourrait presque dire que cet *Inconnaissable*, tant célébré par une nombreuse secte de quiétistes de la raison, est déjà un indice que l'esprit de la bourgeoisie n'est plus apte à regarder nettement dans l'organisation du monde, parce que le capitalisme, qui lui donne son orientation, est déjà en soi pourri, et c'est pour cela que beaucoup, dans la conscience instinctive de la ruine prochaine, acceptent une espèce de religion de l'imbécillité. Une semblable affirmation pourrait même paraître passablement esthétique, tout en restant indémontrable : bien qu'elle ressemble d'ailleurs à l'une de ces innombrables sottises qui ont été si souvent dites au nom de l'interprétation économique de l'histoire (1).

Mais, d'autre part, je dis que cet *agnosticisme* nous rend un grand service. Les agnostiques, en s'évertuant à affirmer et à répéter qu'il ne nous est pas donné de connaître la *chose en soi*, le fonds intime de la nature, la cause dernière et le tréfonds des phénomènes, arrivent par une autre route, à

(1) Quelques unes de ces sottises ont été habilement illustrées par B. Croce, *Le teorie storiche del prof. Loria*, Napoli, 1897 (Cf. *Les théories historiques de M. Loria, Devenir Social*, novembre 1896) ; et *Intorno al Comunismo di Tommaso Campanella*, Napoli, 1895.

leur façon, comme des gens qui regrettent l'impossible, à ce même résultat auquel nous arrivons nous, non pas avec regret mais en réalistes qui n'invoquent pas le secours de l'imagination : on ne peut penser que sur ce que nous pouvons, dans un sens large, expérimenter nous-mêmes.

Voyons ce qui est arrivé dans le domaine de la psychologie ; — on a chassé, d'un côté, l'illusion idéologique que les faits psychiques s'expliquent en prenant comme sujet substantiel un être hyperphysique ; — on a chassé, d'un autre côté, cette vulgarité, matérielle plutôt que matérialiste, que la pensée est une sécrétion du cerveau ; — on a établi que les faits psychiques sont inhérents à l'organisme spécifié, en tant que l'organisme lui-même est un processus de formation et en tant que les faits psychiques sont ce qu'il y a d'interne dans l'activité des nerfs, c'est-à-dire cette activité en tant qu'elle est conscience ; — on a repoussé cette grossière hypothèse du matérialisme simpliste, que ces états intérieurs, qui se conservent et se compliquent, par le seul fait que nous en découvrons chaque jour les conditions respectives dans les centres nerveux, en tant qu'ils sont des états intérieurs, c'est-à-dire fonction de conscience, peuvent être observés sous un aspect extensif ; — et nous voici arrivés à la *science psychique*, qu'il est peu exact, pour ne pas dire faux, d'appeler la psychologie sans l'âme, mais qu'il faut désigner sous le nom de science des produits psychiques sans le mythe de la substance spirituelle.

Quand, dans l'*Antidühring*, Engels se servait du mot métaphysique *dans un sens péjoratif*, il voulait précisément se référer à ces manières de penser, c'est-à-dire de concevoir, d'inférer, d'exposer, qui sont l'opposé de la considération génétique et partant (d'une manière subordonnée) dialectique des choses. Ces manières se distinguent par ces deux caractères : d'abord elles fixent, comme existant par eux-mêmes et comme complètement indépendants l'un de l'autre, les modes de la pensée, qui en réalité ne sont des modes qu'en ce qu'ils représentent les points de corrélation et de transition d'un processus ; et, en second lieu, elles considèrent ces modes mêmes de la pensée comme une présupposition, une anticipation, ou même un type ou un prototype de la pauvre et apparente réalité empirique. Au premier point de vue, par exemple, la cause et l'effet, le moyen et la fin, la raison d'être et la réalité, etc, se présentent à l'esprit uniquement comme des termes distincts et partant différents, et quelquefois opposés, comme s'il y avait des choses qui sont par elles-mêmes exclusivement causes et d'autres qui sont par elles-mêmes exclusivement effets, etc. Au second point de vue, il semble que le monde de l'expérience se désintègre et se sépare devant nos yeux en substance et en accidents, en chose en soi et en phénomène, en possibilité et en existence. Toute cette critique se ramène à cette exigence réaliste, qu'il faut considérer les termes de la pensée non comme des choses et des entités fixes, mais comme des fonctions, parce que ces termes n'ont une valeur qu'en tant que nous avons quelque chose à penser d'une manière active, et que nous sommes dans l'acte même de penser.

Cette critique d'Engels, qui pourrait être spécifiée et précisée encore à beaucoup d'égards, surtout en ce qui concerne l'origine de cette manière de penser métaphysiquement, répète à sa manière l'opposition hégélienne entre l'*entendement*, qui fixe les contraires comme tels, et la *raison*, qui replace les contraires en série de processus ascendants — (l'art divin de *concilier les contraires*, dirait Bruno — *omnis determinatio est negatio*, dirait Spinoza).

Cette métaphysique, *sensu deteriori*, a de loin une certaine analogie avec l'origine des *mythes*. Elle a ses racines dans la théologie, en tant que celle-ci se propose de rendre plausible au raisonnement formel les données (subjectives, mais que l'illusion personnelle tient pour objectives) de la croyance. Combien de miracles n'a pas fait le quasi-mythe de l'éternel *logos* ? Cette métaphysique, dans le sens péjoratif dirons-nous désormais, comme stade et comme obstacle à une pensée encore en formation, se retrouve dans toutes les branches du savoir. Combien d'efforts n'a-t-il pas fallu à la réflexion doctrinale dans le domaine de la linguistique pour substituer à l'illusion que les formes grammaticales sont des modèles la genèse de celles-ci : genèse qui doit être psychologiquement cherchée et constatée dans les différentes manières d'être de la langue, qui est un acte et une production, et non un simple *factum* ? Cette métaphysique existe et existera peut-être toujours dans les dérivés verbaux et phraséologiques de l'expression de la pensée, parce que la langue, sans laquelle nous ne pourrions arriver à la précision de la pensée, ni à en formuler la manifestation, en même temps qu'elle dit ce qu'elle exprime, elle l'altère, et c'est pour cela qu'elle possède toujours en elle le germe du mythe. Si profondément que nous pénétrions dans la théorie la plus générale des vibrations, nous dirons toujours : *la lumière* produit cet effet, *la chaleur* agit ainsi. On a toujours la tentation, ou du moins on court le danger de substantialiser un processus ou ses termes. Les relations, par l'effet de l'illusion qu'on projette en dehors de soi, deviennent des choses, et ces choses deviennent à leur tour des sujets actifs agissants. Si nous faisons attention à cette rechute si fréquente de notre esprit dans l'emploi pré-scientifique des moyens verbaux, nous retrouvons en nous-mêmes les données psychologiques pour expliquer la façon dont sont nées, en d'autres temps et dans d'autres circonstances, les objectivations des formes de la pensée elle-même en êtres et en entités, dont le cas type, parce qu'il est le plus achevé, nous est fourni par les idées platoniciennes. L'histoire est toute pleine de cette métaphysique, en tant qu'elle est l'immaturité d'une intelligence non encore aiguisée par l'autocritique, et non renforcée par l'expérience ; et c'est pour cela, comme aussi pour tant d'autres motifs, que l'histoire est aussi superstition, mythologie, religion, poésie, fanatisme des mots, et culte des formes vides. Cette métaphysique laisse également ses traces dans ce que, de nos jours, nous appelons orgueilleusement la science.

N'en trouvons-nous pas les traces dans l'économie politique ? Cet *argent*, qui, d'abord simple moyen d'échange, devient *capital*, seulement en ce qu'il est *en fonction* avec le travail productif, ne devient-il pas, dans l'imagination des économistes, *capital ab origine*, qui par un droit inné produit un intérêt ? C'est là la grande signification de ce chapitre de Marx, dans lequel il parle du capital comme d'un *fétiche* (1). La science économique est pleine de ces fétiches. La qualité de marchandise, qui n'est propre au produit du tra-

(1) Actuellement les *hédonistes*, marchant *cum ratione temporis*, expliquent l'intérêt *ut sic* (argent qui produit de l'argent) au moyen de la valeur différentielle qu'il y a entre le bien actuel et le bien futur, c'est-à-dire qu'ils traduisent en conceptualisme psychologique la raison du *risque* et d'autres considérations analogues de la pratique commerciale courante. Et ensuite ils poursuivent dans cette direction à l'aide de procédés mathématiques factices.

vail humain qu'à un certain moment historique, — en tant que les hommes vivent dans un certain système donné de corrélation sociale —, devient une qualité intrinsèque *ab aeterno* au produit lui-même. Le salaire, qui n'est pas concevable si à des hommes déterminés n'est pas imposée la nécessité de se vendre à d'autres hommes, devient une catégorie absolue, c'est-à-dire l'un des éléments de tout gain ; et même l'entrepreneur capitaliste devient (dans son imagination !) un individu qui tire de lui-même un plus haut salaire ! Et la *rente de la terre : — de la terre !* On n'en finirait pas si on voulait énumérer toutes ces transformations métaphoriques de rapports relatifs en attributs éternels des hommes et des choses.

Mais que n'est pas devenue la *lutte pour l'existence* dans le darwinisme vulgaire ? — un impératif, un ordre, le *fatum*, un tyran : et l'on a fait fi des circonstances empiriques de la souris et du chat, de la chauve-souris et de l'insecte, de la mauvaise herbe et du trèfle. L'*évolution*, c'est-à-dire l'expression résumée de processus infinis, qui posent tant de problèmes circonstanciés et non pas un simple théorème, ne se transforme-t-elle pas souvent, d'une manière bizarre, en *Evolution*? Enfin dans les vulgarisations de la sociologie marxiste, les conditions, les rapports, les corrélativités de coexistence économique deviennent — peut-être le plus souvent par pauvreté d'expression — quelque chose d'existant imaginairement au-dessus de nous, comme si dans le problème il y avait d'autres données que celles-ci : des individus et des individus, c'est-à-dire des locataires et des propriétaires de maison, des propriétaires fonciers et des fermiers, des capitalistes et des salariés, des maîtres et des domestiques, des exploités et des exploiteurs, c'est-à-dire, en un mot, des hommes et d'autres hommes qui, dans des conditions données de temps et de lieu, se trouvent dans des rapports différents de dépendance réciproque, par l'effet du mode dont on produit et dont on se sert, dans des formes corrélatives données, des moyens nécessaires à l'existence.

Le retour continu et non douteux du *vice* métaphysique, qui parfois confine directement à la mythologie, doit nous rendre indulgents à l'égard des causes et conditions, directement psychiques ou plus généralement sociales, qui pendant si longtemps ont retardé dans le passé l'apparition de la pensée critique, consciemment expérimentale et prudemment anti-verbaliste. Il ne sert de rien d'avoir recours aux trois époques de Comte. Il s'agit bien d'une domination quantitative de la forme théologigue ou de la forme métaphysique dans d'autres époques de l'histoire, mais non pas d'exclusivisme qualitatif par rapport à la soi-disant époque scientifique actuelle. Les hommes n'ont jamais été exclusivement des théologiens ou des métaphysiciens, pas plus qu'ils ne seront jamais exclusivement des scientifiques. Le sauvage le plus humble qui redoute les fétiches, sait qu'il lui est moins pénible de descendre le fleuve au fil de l'eau que de le remonter contre le courant, et dans l'emploi très élémentaire qu'il fait du travail, il a en lui un embryon d'expérience et de science. Et inversement il y a, à notre époque, des hommes de science dont l'esprit est tout encombré de mythologie. La métaphysique, considérée comme l'opposé de la correction scientifique, n'est pas précisément un fait si préhistorique qu'on puisse le comparer au tatouage et à l'anthropophagie !

Personne, je l'espère, ne voudra mettre à l'actif du matérialisme historique la victoire définitive sur la métaphysique, au sens ci-dessus indiqué, d'après Engels ; il est — le matérialisme historique — un cas particulier dans le développement de la pensée antimétaphysique. Il n'aurait vraiment pas été possible si l'intelligence critique n'avait pas été formée déjà auparavant. Il faut ici tenir compte de toute l'histoire de la science moderne. Quand le Don Ferrante des *Fiancés* de Manzoni (nous sommes au XVIIe siècle), qui a été, si Léon XIII ne s'en offense pas par jalousie professionnelle, *le dernier des scolastiques* vraiment convaincus, mourait de la peste, en niant la peste, parce qu'elle ne rentrait pas dans les dix catégories d'Aristote, la scolastique avait déjà reçu les premiers coups, les plus violents et les plus décisifs. Et, depuis lors, c'est toute une histoire des conquêtes positives de la pensée qui ont absorbé ou éliminé, ou réduit et combiné différemment cette matière du savoir qui constituait auparavant la philosophie existant par elle-même, et partant dominant la science. Dans cette voie de la pensée scientifique, nous nous rencontrons par exemple avec la psychologie empirique, la linguistique, le darwinisme, l'histoire des institutions et le criticisme proprement dit. Je dirais aussi avec le Positivisme, — le positivisme véritable et non le positivisme frelaté qui court les rues, — si je ne craignais de faire naître une équivoque. En effet, le Positivisme, considéré en général et à grands traits, est une des si nombreuses formes par lesquelles l'esprit est allé se rapprochant du concept d'une philosophie qui n'anticipe pas sur les choses, mais qui leur est immanente. Il ne faut donc pas s'étonner si, par suite de la similarité générique qui rapproche le matérialisme historique de tant d'autres produits de l'esprit et du savoir contemporain, beaucoup de ceux qui traitent la science à la manière des lettrés ou des lecteurs de revues, trompés par les dehors, et suivant les impulsions de la curiosité érudite, ont cru pouvoir compléter Marx avec telle ou telle chose, et nous ne nous débarrasserons pas facilement de ces déviations. On est principalement conduit à cette erreur par l'habitude, commune à presque toute la science de notre temps, de l'étude évolutive ou génétique : de sorte que les gens peu au courant ou superficiels confondent tout dans le terme commun d'*Evolution*. Vous portez avec raison toute votre attention sur les caractères différentiels et différenciés du matérialisme historique — qui, j'ajoute, sont propres à une science de communistes dialectiquement révolutionnaires — et vous ne vous demandez pas si Marx peut se concilier avec tel ou tel autre philosophe, mais vous vous demandez, au contraire, quelle est la philosophie qui est nécessairement et objectivement impliquée dans cette doctrine.

C'est pour cette raison que je vous ai concédé et que je vous concède aussi l'usage de ce mot métaphysique dans un sens non péjoratif. Au fond du Marxisme, il y a des problèmes généraux, et ceux-ci portent d'un côté sur les limites et sur les formes de la connaissance, et, d'un autre côté, sur les rapports du monde humain et du reste du connaissable et du connu. N'est-ce point de cela que vous voulez parler? Et je suis d'autant plus de votre avis, que je me suis moi-même préoccupé de ces questions les plus générales dans le second de mes essais, mais dans une forme qui en dissimule l'intention.

Si l'on considère le matérialisme historique dans son ensemble, on peut y trouver le sujet de trois ordres d'études. Le premier répond au besoin pratique, propre aux partis socialistes, d'acquérir une connaissance complète des conditions spécifiques du prolétariat dans chaque pays, et de faire dépendre des causes, des promesses et des dangers de la situation politique l'action du socialisme. Le second peut conduire, et conduira certainement, à modifier les courants de l'historiographie, en tant qu'il permet d'en ramener l'art sur le terrain des luttes de classes et de la combinaison sociale qui résulte de celles-ci, étant donné la structure économique correspondante que chaque historien doit désormais connaître et comprendre. Le troisième se rapporte à la recherche des principes directeurs, dont l'intelligence et le développement nécessitent cette orientation générale dont vous parlez. Or il me semble — et j'en ai donné la preuve dans ce que j'ai écrit — que quand on ne tombe pas dans l'erreur ancienne de croire que les *idées* sont comme des exemplaires au-dessus des choses, et tout en reconnaissant la division inévitable du travail, cette étude des principes généraux, pris en eux mêmes, n'implique pas nécessairement le scolasticisme formel, c'est-à-dire l'ignorance des choses d'où ces principes sont abstraits. Certes, ces trois sortes d'études et de considérations faisaient *un* dans l'esprit de Marx, et, de plus, ils n'ont fait qu'un dans son œuvre. Sa politique a été comme la pratique de son matérialisme historique, et sa philosophie a été comme inhérente à sa critique de l'économie, qui a été sa façon de faire de l'histoire. Mais, quoi qu'il en soit de cette universalité d'intelligence qui est la marque spécifique du génie qui commence un nouveau courant intellectuel, le fait est que Marx lui-même n'est arrivé à cette parfaite intégration de sa doctrine que dans un seul cas, et c'est dans le *Capital*.

L'identification complète de la philosophie, c'est-à-dire de la pensée critiquement consciente, avec la matière du connu, c'est-à-dire l'élimination complète de la séparation traditionnelle de la science et de la philosophie, est une tendance de notre temps : tendance qui le plus souvent reste cependant un simple *desideratum*. C'est cette tendance que certains veulent précisément indiquer quand ils disent que la métaphysique (dans tous les sens) est dépassée, tandis que d'autres, plus exacts, supposent que la science arrivée à sa perfection est déjà la philosophie absorbée. La même tendance justifie l'expression de *philosophie scientifique*, qui, sans cela, serait ridicule. Si cette expression peut être justifiée, elle le sera précisément par le matérialisme historique, tel qu'il a été dans l'esprit et dans les écrits de Marx. Là, la philosophie est tellement dans la chose même, et fondue en elle et avec elle, que le lecteur de ces écrits en ressent l'effet, comme si la philosophie n'était que la fonction même de l'étude scientifique.

Dois-je commencer ici mes confessions, ou dois-je me borner à discuter objectivement avec vous sur ces points qui peuvent rapprocher nos manières de voir ? Si je devais me contenter d'écrire des aphorismes comme il convient aux confessions je dirais : — *a*) l'idéal du savoir doit-être de voir cesser l'opposition entre la science et la philosophie ; — *b*) mais, de même que la science (empirique) est en perpétuel devenir, et se multiplie dans sa matière comme dans ses degrés, en différenciant en même temps les esprits qui en cultivent les différentes branches, et que, d'autre part, s'est accumulé et s'accumule continuellement sous le nom de philosophie la somme des connaissances méthodiques et formelles ; — *c*) de même l'opposition entre la science et la philosophie se maintient et se maintiendra, comme terme et moment toujours provisoires, pour indiquer précisément que la science est continuellement en devenir, et que, dans ce devenir, l'autocritique entre pour une part importante.

Il suffit de penser à Darwin pour comprendre combien il faut être prudent quand on affirme que la science de l'heure présente est par elle-même la fin de la philosophie. Darwin a certainement révolutionné le domaine des sciences de l'organisme, et avec elles toute la conception de la nature. Mais Darwin n'a pas eu lui-même la pleine conscience de la portée de ses découvertes : il n'a pas été le philosophe de sa science. Le darwinisme, en tant que nouvelle conception de la vie, et partant de la nature, s'est développé depuis au-delà des intentions de Darwin. Inversement, certains vulgarisateurs du Marxisme ont dépouillé cette doctrine de la philosophie qui lui est immanente, pour la réduire à un simple aperçu sur les variations des conditions historiques d'après les variations des conditions économiques. Des observations aussi simples suffisent pour nous persuader que si nous pouvons affirmer que la science arrivée à sa perfection est déjà la philosophie, c'est-à-dire que celle ci ne signifie pas autre chose que le dernier degré d'élaboration des concepts (Herbart), nous ne devons, en énonçant ce postulat, autoriser personne à parler avec mépris de ce que, dans un sens différencié, on appelle la philosophie, comme nous ne devons pas laisser croire à tous les savants que, à quelque degré du développement mental qu'ils s'arrêtent, ils sont déjà les triomphateurs ou les héritiers de cette bagatelle que fut la philosophie. Et, par conséquent, n'avez-vous pas posé une question que l'on peut appeler oiseuse, lorsque vous demandez à peu près ceci : — quelle attitude ceux qui s'occupent du matérialisme historique doivent-ils avoir à l'égard de la philosophie dans son ensemble ?

VI

Rome, 28 mai 1897.

Il y a une lacune dans la biographie scientifique de nos deux grands auteurs. En 1847 une de leurs œuvres a été envoyée à l'impression, mais elle est restée inédite pour des raisons accidentelles (1). Dans ce livre, qui est resté un simple manuscrit, et qui, à ma connaissance, n'a jamais été vu par personne en dehors des auteurs eux-mêmes (2), ils ont fait comme un examen de conscience et ils ont fixé leur manière de voir en matière de philosophie, en la comparant aux autres courants contemporains. Que cet examen ait été fait principalement par rapport aux dérivés de l'Hégélianisme, et à son contre-coup matérialiste dans la doctrine de Feuerbach, il n'y a à cela aucun

(1) Conf. Marx, *Zur Kritik der politischen Œkonomie*, Berlin, 1859, pag. 6, et Engels, *Ludvig Feuerbach*, 2e édit., 1888, pag. III-IV.

(2) J'ai un jour demandé à Engels s'il voulait laisser parcourir le manuscrit, non pas par moi, mais par l'anarchiste Mackay, qui s'intéresse tout spécialement à Stirner, et il me répondit que malheureusement tous ces papiers étaient à demi-rongés par les souris.

doute. En dehors des raisons générales tirées du mouvement philosophique de l'époque, il y a en faveur de cette opinion les extraits d'articles de journaux et de revues qui ont été publiés récemment, comme des reliques du polémiste qu'était alors Marx, par M. Struve dans la *Neue Zeit.* Mais quelle était, dans son ensemble, la position intellectuelle des deux écrivains ? Quelle était leur horizon bibliographique ? Quelle connaissance avaient-ils, et quelle attitude prenaient-ils à l'égard des autres ferments de la science, qui ont depuis produit tant de révolutions, dans le domaine de la philosophie naturelle comme dans celui de la philosophie historique ? A toutes ces questions il n'est pas possible de répondre avec exactitude. Si l'on comprend, d'ailleurs, que personne ne regrette d'avoir publié dans sa jeunesse des travaux que, devenu vieux, il n'écrirait plus de la même manière, lorsqu'ils n'ont pas été publiés en leur temps il devient presque impossible aux auteurs eux-mêmes de les reprendre ; c'est ainsi qu'Engels disait que cette œuvre avait au fond produit tout son effet, qui était de fixer l'orientation de ceux qui l'avaient écrite.

Ce moment passé, et après avoir tracé leur route, les deux auteurs n'écrivirent plus sur la philosophie dans le sens spécifique du mot (1).

(1) A l'exception, bien entendu, des premiers chapitres de l'*Antidühring*, qui ont, d'ailleurs, un caractère polé-

Non seulement leurs occupations d'agitateurs pratiques et de publicistes, mais toute leur vie, consacrée à suivre le mouvement prolétarien en exerçant sur lui leur influence, mais leur vocation mentale elle-même, les détournait du métier de philosophe en titre. Ce serait faire une œuvre vaine que de rechercher pas à pas l'opinion qu'ils se sont faite, dans leurs études et dans leurs lectures, des nouvelles découvertes de la science, en tant que celles-ci étaient ou n'étaient pas une contribution utile à la nouvelle direction de la philosophie historique qu'ils avaient conçue. Il est certain que dans la psychologie telle qu'elle s'est développée récemment, dans le criticisme subtil dans le domaine de la philosophie professionnelle, dans l'école de l'économie historique, dans le darwinisme, au sens étroit et spécifique comme au sens large du mot, dans la tendance croissante à l'historisme dans l'étude des phénomènes naturels, dans les découvertes de la préhistoire des institutions, et dans la tendance toujours plus forte vers la philosophie de la science, on trouve des appuis et autant de cas analogues à la formation du matérialisme historique. Mais ce serait une chose ridicule que de vouloir mesurer d'après le point de vue d'un rédacteur d'une *Revue critique*, qui est la bibliographie à

mique, et de l'étude d'ENGELS sur *Feuerbach*, qui n'est au fond qu'un long compte-rendu d'un livre avec quelques observations rétrospectives et personnelles.

l'œuvre, ou du professeur qui débite à ses élèves les impressions successives de ses lectures, le travail d'assimilation de la science contemporaine que pouvaient faire, ou qu'ont fait en réalité, ces deux penseurs qui disposaient d'un angle visuel si spécifique et si spécifié et qui avaient dans le matérialisme historique un instrument particulier de recherche et de réduction. Et c'est en cela, d'ailleurs, que consiste ce que nous appelons l'originalité ; en dehors de ces limites, ce mot ne désignerait que ce qui choque la raison. N'écrivant plus de travaux philosophiques, au sens professionnellement différencié et différentiel, ils finirent par être les exemplaires les plus parfaits de cette *philosophie scientifique*, qui pour beaucoup est un simple désir pieux, pour d'autres un moyen de délayer dans une phraséologie nouvelle les connaissances courantes de la science empirique, qui est parfois une forme générique du rationalisme, et qui après tout n'est à la portée que de ceux qui entrent dans les détails de la réalité avec la pénétration qui est propre à une méthode génétique inhérente aux choses. Engels concluait ainsi : « Du moment que c'est une nécessité pour chaque science de se rendre compte de sa véritable position dans l'ensemble des choses et de la connaissance des choses, la science spéciale de l'ensemble devient superflue. Ce qui reste maintenant, comme objet propre, à la philosophie telle qu'elle s'est développée jusqu'ici, c'est la doctrine de la pensée et de ses lois, la Logique formelle et la Dialectique. Tout le reste se résoud dans la science positive de la nature et de l'histoire » (1).

Tout est possible à des érudits, à ceux qui sont à la recherche de sujets de dissertation, aux docteurs nouvellement promus. Ils ont bien écrit sur l'éthique d'Hérodote, sur la psychologie de Pindare, sur la géologie de Dante, sur l'entomologie de Shakspeare et sur la pédagogie de Schopenhauer ; — *a fortiori*, et à plus juste titre, pourraient-ils disserter sur la *logique* du *Capital*, et même construire l'ensemble de la philosophie de Marx, toute spécifiée et divisée selon les rubriques sacramentelles de la science professionnelle. C'est une affaire de goût ! — moi qui, par exemple, préfère la naïveté d'Hérodote et la vigueur de Pindare à l'érudition qui en délaye les œuvres en amusettes d'analyse posthume, je laisse volontiers au *Capital* son intégralité, qui est le produit du concours organique de toutes les notions et de toutes les connaissances qui, lorsqu'on les différencie, portent le nom de logique, de psychologie, de sociologie, de droit et d'histoire au sens ordinaire du mot ; — et il y faut encore cette flexibilité et cette souplesse de la pensée, qui constituent l'esthétique de la dialectique.

(1) *Antidühring*, 3e édit., 1894, pag. 11.

Aussi ce livre peut-il, et il le pourra toujours, être analysé dans ses détails, mais son ensemble restera insaisissable pour les empiristes purs, pour les scolastiques des définitions nettes et inconvertibles dans le flux de la pensée, pour les utopistes de toute sorte, et surtout pour les utopistes du libéralisme et pour les libertaires qui sont, plus ou moins, des anarchistes sans le savoir. Il y a pour un grand nombre d'intelligences une difficulté presque insurmontable à s'immerger dans le concret des conditions sociales et historiques. Au lieu de saisir l'ensemble social comme une donnée dans laquelle se développent génétiquement des lois, qui sont des relations de mouvement, beaucoup de gens ont besoin de se représenter des choses fixes, par exemple l'égoïsme d'un côté, l'altruisme de l'autre, etc. Les *hédonistes* modernes nous fournissent un exemple caractéristique. Ils ne s'arrêtent pas au complexus social comme à la donnée spécifique de la théorie économique, mais ils remontent aux jugements d'*évaluation* comme à la prémisse (logico-psychologique) de l'*Economique*. Ces jugements ils les voient se disposant sur une échelle dont ils étudient les degrés (pour la plupart d'une manière typique et hypothétique) ; c'est comme lorsque, dans l'esthétique formelle, on étudie uniquement les degrés du plaisir ressenti. Parallèlement à ces évaluations (ou degrés d'appréciation du besoin) il y a les choses, qui sont les *biens* ; et ces choses il les étudient dans leur relation avec les appréciations, en tenant compte de leur quantité disponible et des possibilités d'acquisition, ce qui détermine leur qualité de valeurs, la limite des valeurs, et la valeur-limite. Ayant ainsi établi la position abstraite et générique de l'*économicité*, indistinctement pour les choses dont la nature est prodigue comme pour celles qui coûtent aux hommes la sueur de leur front (et le travail ingrat de l'histoire), la pauvre économie ordinaire et commune, l'économie de l'association qui nous est familière, et qu'ont approfondie les théoriciens de l'école classique et les critiques du socialisme, devient comme un cas particulier d'une algèbre très universelle. Le travail qui est pour nous le nerf même de la vie humaine, c'est-à-dire l'homme même qui se développe, devient de ce point de vue, ou bien l'effort pour éviter une souffrance ou pour n'éprouver qu'une souffrance moindre. Dans cette atomistique abstraite des efforts, des appréciations et des quantités de biens, on ne voit plus ce qu'est l'histoire, et le progrès se résoud en une pure apparence.

S'il fallait donner une formule, il ne serait pas hors de propos de dire que la philosophie qu'implique le matérialisme historique, c'est la *tendance au monisme* ; — et je me sers très intentionnellement du mot tendance et j'ajoute *ten-*

dance formelle et critique. Il ne s'agit pas, en un mot, de revenir à l'*intuition* théosophique ou métaphysique de la totalité du monde, comme si, par un acte de connaissance transcendante, nous arrivions *ipso facto* à la vision de la substance, sur laquelle reposent tous les phénomènes et tous les processus. Le mot tendance exprime d'une manière précise l'adaptation de l'esprit à cette conviction que tout est concevable comme genèse, bien plus, que le concevable n'est que genèse, et que la genèse a les caractères approximatifs de la continuité. Ce qui différencie ce sens du mot genèse des vagues intuitions transcendentales (par exemple Shelling) c'est le discernement critique, et partant le besoin de spécifier la recherche : on se rapproche ainsi de l'empirisme en ce qui concerne la recherche des détails et du contenu du processus, et en même temps on renonce à la prétention de tenir dans ses mains le schéma universel de toutes les choses. Les évolutionnistes vulgaires procèdent de la manière suivante : après avoir saisi la notion abstraite du devenir (évolution), ils y font entrer toutes les choses, depuis la formation de la nébuleuse jusqu'à leur fatuité. C'est ce que faisaient ceux qui répétaient Hegel, en parlant du rythme sous-jacent et perpétuel de la thèse, de l'antithèse et de la synthèse. La raison principale du point de vue critique par lequel le matérialisme historique corrige le monisme est celle-ci :

c'est qu'il part de la *praxis*, c'est-à-dire du développement de l'activité, et de même qu'il est la théorie de l'homme qui travaille, il considère également la science elle-même comme un travail. Il développe complètement ce qu'impliquent les sciences empiriques, c'est-à-dire que par l'expérimentation nous nous rapprochons de la façon d'agir des choses et nous nous persuadons que les choses elles-mêmes sont une manière d'agir, c'est-à-dire une production.

Le passage d'Engels cité plus loin pourrait cependant prêter à des conclusions étranges, mais ce serait prendre toute la main alors qu'on vous offre un doigt. Etant donné et admis que la Logique et la Dialectique demeurent comme choses existant par elles-mêmes, n'y a-t-il pas là, dirait-on, une occasion favorable pour refaire à nouveau toute l'encyclopédie philosophique ? En refaisant, petit à petit et en détail, pour chaque branche de la science, le travail d'abstraction des éléments formels qui y sont contenus implicitement, on en arrive à écrire des systèmes de logique vastes et compréhensifs comme les excellentes logiques de Sigwart et de Wundt, qui sont, en réalité, de véritables encyclopédies de la théorie des principes de la connaissance. Et si c'est là le désir des philosophes de profession, qu'ils se rassurent, leurs chaires ne seront pas supprimées. La division du travail dans le domaine intellectuel se prête dans la pratique à de nombreuses combinaisons. S'il est des gens qui veulent réunir sous une forme schématique les principes grâce auxquels nous nous rendons compte d'un groupe déterminé de faits, par exemple d'une organisation juridique déterminée, rien ne s'oppose à ce qu'ils appellent cette discipline (1) la science générale du droit ou même la philosophie du droit si l'on veut, pourvu qu'ils se souviennent cependant qu'ils réduisent en système (empirique) un ordre de faits historiques, c'est-à-dire qu'ils prennent une catégorie historique comme le devenu du devenir.

Tendance (formelle et critique) au monisme, d'un côté, virtuosité à se tenir en équilibre dans un domaine de recherche spécialisée, d'autre part, — tel est le résultat. Pour peu qu'on s'écarte de cette ligne, ou bien l'on retombe dans le simple empirisme (la *non-philosophie*) ou on passe à l'*hyper-philosophie*, c'est-à-dire à la prétention de se représenter en acte l'Univers, comme si on en possédait l'intuition intellectuelle.

Lisez, de grâce, si vous ne l'avez lue déjà, la *conférence* de Haeckel sur le *monisme*, qui a été traduite en français par un passionné darwiniste de la sociologie (2). Chez ce savant éminent on trouve confondues trois aptitudes différentes : une

(1) Ce mot (*discipulina*) indique précisément que ce sont des raisons didactiques qui décident de certains groupements des connaissances.

(2) *Le Monisme lien entre la Religion et la Science*, traduction de G. Vacher de Lapouge, Paris, 1897.

merveilleuse disposition pour la recherche et l'explication des détails, puis une élaboration systématique approfondie des détails mis en évidence, et une intuition poétique de l'Univers, qui, tout en étant de l'imagination, ressemble parfois à de la philosophie. Mais, illustre Haeckel, mettre l'Univers entier, depuis les vibrations de l'éther jusqu'à la formation du cerveau, mais, que dis-je, — en deçà du cerveau, — des origines des peuples et des Etats et de l'éthique jusqu'à notre époque, y compris les petits princes protecteurs de votre Université d'Iéna que vous saluez en passant, dans 47 pages in-8°, cela dépasse même la grandeur de votre génie ! Ne vous souvenez-vous donc pas de tous les trous que l'Univers présente même à notre science mûre, ou bien peut être avez-vous une grande armoire toute pleine de bonnets de nuit dont les Hegeliens se servaient, au dire de Heine, pour couvrir tous ces trous ! Ou, ne vous rappelez-vous pas ce qui devrait cependant vous brûler directement : ce *batibius* qui reçut votre nom à l'occasion d'une découverte d'Huxley, qui n'était, d'ailleurs, qu'un solennel *quiproquo* ?

Donc, tendance au monisme, mais en même temps conscience précise de la spécialité de la recherche. Tendance à fondre la science et la philosophie, mais, en même temps, réflexion continue sur la portée et sur la valeur de ces formes de la pensée dont nous nous servons d'une manière concrète et que cependant nous pouvons détacher du concret, comme cela arrive dans la Logique *stricto jure* et dans la *Théorie générale de la connaissance* (que vous appelez la métaphysique). Penser d'une manière concrète et cependant pouvoir réfléchir d'une manière abstraite sur les données et sur les conditions formelles de ce qui peut être pensé. La philosophie existe et n'existe pas (1). Pour celui qui n'y est pas encore arrivé elle est comme l'*au-delà* de la science. Et pour celui qui y est arrivé elle est la science arrivée à sa perfection.

Maintenant, comme autrefois, nous pouvons écrire, sur les données abstraites d'une expérience déterminée, des traités, par exemple, d'éthique et de politique, et nous pouvons donner à notre travail d'élaboration, la netteté et la rigidité d'un système, pourvu que nous nous rappelions que les prémisses se rattachent génétiquement à autre chose, pourvu que nous ne tombions pas dans l'illusion (métaphysique) de considérer les principes comme des schémas *ab æterno*, ou comme les *modèles* des choses de l'expérience, les *surchoses !*

(1) J'ai sous les yeux un livre curieux (de XXIII-539 pag. grand in-8 !) du professeur R. Wahle de l'Université de Czernowitz qui a pour objet de démontrer (je n'en donne pas le titre qui est très long et descriptif, édit. Braumüller, Vienne, 1896), que la *philosophie est arrivée à son terme*. Malheureusement le livre tout entier est consacré à la philosophie. C'est donc que, pour se nier, la philosophie doit s'affirmer !

Arrivé à ce point rien ne nous empêche d'énoncer une formule comme la suivante : tout le connaissable peut être connu, et tout le connaissable sera, à l'infini, réellement connu, et l'au-delà du connaissable, dans le domaine de la connaissance, ne nous intéresse en rien. Cet énoncé générique, sous son aspect pratique, se ramène à ceci, que la connaissance nous importe dans la mesure où il nous est donné de connaître réellement, et que c'est pure imagination que d'admettre que l'esprit reconnaît comme existant en acte une différence absolue entre le connaissable et ce qui est en soi inconnaissable, — un inconnaissable que j'affirme connaître comme inconnaissable ! Comment faites-vous M. von Hartmann pour fréquenter depuis tant d'années chez l'*Inconscient* que vous voyez agir d'une façon si consciente, et vous, M. Spencer, pour manier continuellement la connaissance de l'*Inconnaissable*, qu'au fond vous connaissez de quelque manière si vous en faites la limite du connaissable? Au fond de cette phraséologie de Spencer se cache le dieu du catéchisme ; — il y a, en un mot, le résidu d'une hyperphilosophie qui ressemble, comme la religion, au culte de cet inconnu qu'au même moment on affirme être inconnu tout en affirmant qu'on le connaît dans une certaine mesure en en faisant un objet de vénération. Dans cet état d'esprit la philosophie est réduite à l'étude des phénomènes (apparences) et le concept d'évolution n'implique nullement que la réalité devienne.

Pour le matérialisme historique le devenir, c'est-à-dire l'évolution, est au contraire réelle, bien plus elle est la réalité elle-même, de même qu'est réel le travail qui est le développement de l'homme, qui monte de la vie immédiate (animale) à la liberté parfaite (qui est le communisme). Dans cette inversion pratique du problème du connaissable, nous prenons entièrement dans la main la science en tant qu'elle est notre fait. Une nouvelle victoire sur le *fétiche!* Savoir est pour nous un besoin qui empiriquement se produit, se raffine, se perfectionne, se sert de moyens et d'une technique, comme tout autre besoin. Nous connaissons petit à petit ce qu'il importe que nous connaissions. Expérimenter c'est croître, et ce que nous appelons le progrès de l'esprit n'est pas autre chose qu'une accumulation d'énergies de travail. C'est dans cette tâche prosaïque que se résoud ce caractère absolu de la connaissance, qui était pour les idéalistes un postulat de la raison ou une argumentation ontologique (1).

(1) Le postulat de l'absolu était même implicite dans les preuves de l'existence de Dieu, et notamment dans l'argumentontologique. En moi être fini et imparfait, qui n'ai qu'une connaissance bornée, existe le pouvoir de penser l'être infini et de toute perfection, qui connaît toutes choses. Donc je suis moi-même... parfait! Et voici que Descartes fait (dans un passage rarement signalé par les critiques) ce singulier passage dialectique, qui est

Cette *chose* (dite chose *en soi*) que l'on ne connaît ni aujourd'hui ni demain, que l'on ne connaîtra jamais, et que l'on doit ne pas pouvoir connaître, ne peut pas appartenir au domaine de la connaissance, parce qu'il ne peut y avoir une connaissance de l'inconnaissable. Si une semblable préoccupation entre dans le cercle de la philosophie, c'est parce que la conscience du philosophe n'est pas toute faite de science, mais parce qu'elle se compose encore d'un grand nombre d'autres éléments sentimentaux et affectifs, d'où, sous l'impulsion de la peur et par le chemin de l'imagination et du mythe, naissent des combinaisons psychiques qui, de même qu'elles ont autrefois empêché le développement de la connaissance rationnelle, de même elles obscurcissent maintenant le domaine du savoir réfléchi et prosaïque. Prenons comme exemple la mort. Elle est théoriquement im-

resté pour lui cependant un simple doute : « Mais peut-être aussi que je suis quelque chose de plus que je ne m'imagine, et que toutes les perfections que j'attribue à la nature d'un Dieu sont en quelque façon en moi en puissance, quoiqu'elles ne se produisent pas encore et ne se fassent point paroître par leurs actions. En effet, j'expérimente déjà que ma connaissance s'augmente et se perfectionne peu à peu ; et je ne vois rien qui puisse empêcher qu'elle ne s'augmente ainsi de plus en plus jusque à l'infini, ni aussi pourquoi, étant ainsi accrue et perfectionnée, je ne pourrais pas acquérir par son moyen toutes les autres perfections de la nature divine, ni enfin pourquoi la puissance que j'ai pour l'acquisition de ces perfections, s'il est vrai qu'elle soit maintenant en moi, ne serait pas suffisante pour en produire les idées. » (*Œuvres de Descartes*, édit. Cousin, I, pp. 282-83).

pliquée dans la vie. La mort qui semble si tragique chez l'individu complexe qui apparaît à l'intuition commune comme l'organisme véritable et propre, est immanente aux tout premiers éléments de la substance organique, par suite de l'instabilité extrême et de la plasticité restreinte du protoplasma. Mais tout autre chose est la peur de la mort — c'est-à-dire l'égoïsme de vivre ! Et il en est de même de toutes les autres affectivités et tendances passionnelles qui, dans leurs dérivés mythiques, poétiques et religieux, ont jeté, jettent et jetteront dans des proportions variées leurs ombres sur le terrain de la conscience. La philosophie de l'homme purement théoricien, qui contemple toutes les choses sous l'aspect de leur être propre, serait, en quelque sorte, la tentative de faire passer la pensée abstraite sur tout le champ de la conscience, sans qu'elle y rencontre ni déviation, ni frottement. Ce sera Baruch Spinoza, le véritable héros de la pensée qui se contemple lui-même en tant que les sentiments et les passions, comme des forces d'un mécanisme interne, se transforment en lui en objets d'étude géométrique ! *En attendant* que dans une humanité future d'hommes presque transhumanisés, l'héroïsme de Baruch Spinoza devienne la vertu courante de tous les jours, et que les mythes, la poésie, la métaphysique et la religion n'encombrent plus le domaine de la conscience, soyons satisfaits que jusqu'ici et pour le moment la philosophie, dans son sens différencié comme dans l'autre, ait servi et serve, à l'égard de la science, à maintenir la clairvoyance des méthodes formelles et des procédés logiques, et, à l'égard de la vie, à diminuer les empêchements qu'à l'exercice de la pensée libre opposent les projections imaginaires des affections, des passions, des craintes et des espérances, c'est-à-dire qu'elle aide et qu'elle serve, comme dirait précisément Spinoza, à vaincre l'*imaginatio* et l'*ignorantia*.

VII

Rome, 16 juin 1897.

Ces choses n'arrivent qu'à moi. Tandis qu'il me semblait que je n'étais pas encore arrivé au terme de ces lettres, j'ai précisément dû parler de ces mêmes choses, dont je m'entretiens avec vous, dans un autre lieu, sous une autre forme, et avec moins de plaisir.

Dans un des derniers numéros de la *Critica Sociale* a paru une espèce de message que M. Antonino De Bella, sociologue calabrais, dirige contre ces socialistes exclusifs qui, pour toute chose et à propos de chaque problème, d'après lui, s'en tiennent à la lettre de Marx. M. De Bella a oublié de nous apprendre si le Marx auquel en appellent ceux qu'il maltraite, est le véritable Marx, ou un Marx pour ainsi dire défiguré, ou inventé de toutes pièces, un Marx blond ou que sais-je. Le fait est qu'il m'a fait l'honneur de me mettre aussi dans le troupeau de ces entêtés, auxquels il adresse des avertissements et des conseils, pour qu'ils se complètent en puisant largement dans la sociologie et dans l'histoire naturelle. Il ne cite, il est vrai, que mon nom sans dire auquel de mes travaux, de mes discours, à quel fait il se réfère : et puis là-dessus il déverse un peu du catéchisme ordinaire de la sociologie teintée de darwinisme, avec l'inévitable kyrielle de noms d'auteurs.

J'ai cru devoir répondre ; un peu, pour dire d'une façon sommaire comment le socialisme scientifique n'est pas dans une condition si mauvaise qu'il ait vraiment besoin de certains conseils ; puis pour montrer que les compléments suggérés par M. De Bella sont, ou bien les sous-entendus du Marxisme, ou bien ils sont son contraire ; et surtout parce que, me trouvant depuis un certain temps en veine de causerie avec vous sur le socialisme et sur la philosophie, il m'a semblé bon de fixer par des notes *ad hominem* quelques-unes des considérations critiques que je développe, en *tête à tête* avec vous, dans des formes plus ou moins bizarres.

Je vous envoie ma réponse telle qu'elle a paru dans la *Critica Sociale* d'hier. C'est aussi une lettre, et bien qu'elle ne vous soit pas adressée, vous pouvez la mettre dans la collection comme si elle en était une suite. Elle complète et elle résume mes lettres précédentes ; vous y trouverez quelques légères répétitions, excusables sans doute.

Cette lettre *extra*, que j'adressais au directeur de la *Critica*, est plutôt un peu rude. Je ne l'ai pas écrite en vérité dans l'intention d'être agréable à M. De Bella. Elle se ressent d'une certaine mauvaise humeur. Peut-être cette humeur de critique pleine d'amertume m'est venue de ce fait que, me trouvant l'esprit absorbé par l'étude de ce grave problème des rapports du matérialisme social et de toute l'intuition scientifique contemporaine, il m'a semblé que les conseils de M. De Bella — qui d'ailleurs ne pouvait avoir connaissance de ce que je vous écrivais — étaient, en ce qui me concerne, tout au moins inopportuns, car je n'avais nulle envie de les lui demander.

Rome, 5 juin 1897.

Mon cher Turati,

Je ne suis pas bien sûr que M. De Bella, en citant mon nom, parle vraiment de moi. Je serais même porté à croire qu'il dirige sa *tirade* contre un mannequin de sa composition, qu'il a, *commoditatis causa*, affublé de mon nom. Quoiqu'il en soit, du moment qu'il mêle mon nom à ses méditations, je ne puis me dispenser d'ajouter une note à la vôtre.

Comme on le sait, je ne suis venu d'une manière explicite et publique au socialisme qu'il y a dix ans (1). Dix années ne forment pas une période

(1) « Dès 1873 j'ai écrit contre les principes directeurs du système libéral, et depuis 1879 je me suis mis sur la route de cette nouvelle foi intellectuelle, *à laquelle je me suis arrêté dans ces trois dernières années et que mes études et l'observation sont venues affermir* »

de temps fort longue dans ma vie, car j'en dois ajouter quatre à un demi-siècle ; mais c'est un temps tout à fait court dans ma vie intellectuelle. En un mot, avant de devenir socialiste j'avais eu le temps et l'occasion, et l'obligation même de régler mes comptes avec le darwinisme, avec le positivisme, avec le néokantisme et avec tout ce que la science a produit autour de moi et qui m'a été une occasion pour fixer mes idées, car j'occupe une chaire de philosophie à l'Université depuis 1871, et antérieurement j'étudiais ce qu'il est nécessaire de savoir pour philosopher. En venant au socialisme, je n'ai pas demandé à Marx l'*a b c* du savoir. Je n'ai demandé au Marxisme que ce qu'il contient en réalité : je lui ai demandé cette précise *critique de l'économie* qu'il est, ces *lignes générales du matérialisme historique* qu'il porte en lui, cette *politique du prolétariat* qu'il énonce ou qu'il laisse entrevoir. Je ne demandais pas non plus au Marxisme la connaissance de cette philosophie qu'il suppose et qu'il continue dans un certain sens, en la dépassant par *inversion dialectique*, c'est-à-dire de l'*Hégélianisme*, qui refleurissait précisément en Italie dans ma jeunesse, et dans lequel j'ai été pour ainsi dire élevé. Et, chose curieuse, mon premier travail philosophique, mai 1862, est une : *Défense de la dialectique de Hegel contre le retour à Kant commencé par Ed. Zeller !* Pour

page 23 de ma conférence : *Del Socialismo*, Roma, 1889. Cette conférence, qui était pour ainsi dire une profession de foi en style populaire, est complétée par un petit opuscule : *Proletariato e Radicali*, Roma, 1890.

comprendre le socialisme scientifique je n'avais donc pas besoin de me tourner pour la première fois vers la conception dialectique, évolutive ou génétique, quelque nom qu'on lui donne, puisque j'avais toujours vécu dans cet ordre d'idées, depuis que je pense avec une certaine maturité d'esprit. J'ajoute encore que, tandis que le marxisme ne me paraissait nullement difficile dans ses lignes intrinsèques et formelles, en tant que méthode de conception, il me fut plus difficile de me rendre maître de son contenu économique. Et tandis que je m'y essayais de mon mieux, il ne m'était ni donné ni permis de confondre la *ligne de développement* qui est propre au matérialisme historique, c'est-à-dire le sens qu'a dans ce cas concret l'*évolution*, avec ce que j'appellerai une maladie cérébrale qui depuis plusieurs années a envahi les cerveaux de ces nombreux Italiens qui parlent maintenant d'une *Madone Evolution*, et qu'ils adorent.

Que me demande encore M. de Bella? Que, comme un jeune séminariste, qui vient de se défroquer, je retourne à l'école ! Ou que je me fasse rebaptiser par Darwin, reconfirmer par Spencer, que je fasse ensuite ma confession générale devant les *compagnons*, et que je me prépare à recevoir de lui l'extrême-onction? Pour vivre en paix je laisserais passer tout le reste, mais contre l'appel à la *conscience des compagnons* je proteste énergiquement. Je reconnais aux compagnons, dans une certaine mesure et dans des conditions données, le droit d'être rigides et même tyranniques pour tout ce qui concerne la conduite politique du parti. Mais quant à leur reconnaître l'autorité de prononcer comme arbitres en matière de science.... et uniquement parce qu'ils sont des compagnons.... allons donc ! la science ne sera jamais mise aux voix, pas même dans la société future !

Peut-être veut-il une chose plus modeste, que j'affirme et que je jure que le marxisme n'est pas la *science universelle*, et que les objets qu'il contemple ne sont pas l'*Univers* entier ? je l'accorde immédiatement. Et je suis bien forcé de l'accorder. Il me suffit de me rappeler le tableau des cours de l'Université, et ils sont très nombreux. Et j'accorde même quelque chose de plus. « *Cette doctrine n'est encore qu'à ses commencements, et elle a besoin d'un grand développement* ».(*Del materialismo storico*, p. 9) (1).

En effet, ce qui tourmente M. De Bella, et beaucoup d'autres, c'est précisément la recherche d'une *philosophie universelle*, dans laquelle le socialisme puisse ensuite être logé comme la partie dans la vision de l'ensemble. A leur aise ! *Le papier a de ces bontés* : c'est ce que disent les éditeurs allemands aux auteurs nouveaux. Mais je ne peux pas me dispenser de faire deux remarques. La première est qu'aucun *sofos* d'ici bas ne parviendrait jamais à nous donner l'idée de la philosophie universelle en deux colonnes de

(1) « Je ne fais pas le vœu de m'enfermer dans un système comme dans une sorte de prison ». C'est ce que j'écrivais il y a vingt-quatre ans (*Della Libertà Morale*, Napoli, 1873, Préface), et c'est ce que je peux répéter maintenant encore. Ce livre contient une longue position de la doctrine du *déterminisme*, et il est complété par un autre de mes travaux: *Morale e Religione*, Napoli, 1873.

la *Critica Sociale*. La seconde est tout à fait personnelle. Il y a vingt ans que j'ai horreur de la philosophie systématique, et comme cette disposition d'esprit m'a rendu plus accessible au marxisme, qui est un des modes par lesquels l'esprit scientifique s'est libéré de la philosophie comme chose en soi, de même elle est la cause de ma défiance invétérée pour le *Spencer philosophe* qui, dans ses *Premiers Principes*, nous a donné une fois de plus un schéma du cosmos. Ici il faut que je me cite : « Je n'étais pas venu dans cette Université, il y a vingt-trois ans, comme le représentant d'une philosophie orthodoxe, ou comme l'auteur d'un système nouveau. Grâce aux contingences heureuses de ma vie j'avais fait mon éducation sous l'influence directe des deux grands systèmes auxquels avait abouti la *philosophie*, que maintenant nous pouvons appeler *classique*, c'est-à-dire des systèmes de Herbart et de Hegel, chez lesquels l'antithèse entre le réalisme et l'idéalisme, le pluralisme et le monisme, la psychologie scientifique et la phénoménologie de l'esprit, la spécificité des méthodes et l'anticipation de toute méthode dans la dialectique omnisciente, avaient fourni toute leur carrière. Déjà la philosophie de Hegel avait abouti au matérialisme historique de Karl Marx, et celle de Herbart à la psychologie empirique, qui, elle aussi, dans des conditions données et dans certaines limites, peut être expérimentale, historique et sociale. C'était le moment où, par l'application intensive et extensive du *principe* de l'*énergie*, de la théorie atomique et du *darwinisme*, et par la découverte des formes et des conditions certaines de la *physiologie générale*, toute la conception de la nature était révolutionnée à vue d'œil. Et, en même temps, l'analyse comparée des institutions, concuremment avec la linguistique et la mythologie comparées, toute la préhistoire et enfin l'histoire économique renversaient la plupart des positions de fait et des hypothèses formelles sur lesquelles et par lesquelles on avait jusque là philosophé sur le droit, sur la morale et sur la société. *Les ferments de la pensée, ces ferments qui sont implicites dans les sciences nouvelles ou renouvelées n'indiquaient pas, comme elles n'indiquent pas encore, le développement d'une nouvelle systématique philosophique qui contienne et domine tout le terrain de l'expérience.* Je néglige ces philosophies d'usage et d'invention privées, comme par exemple celles de Nietzsche et de von Hartmann, et je ne dirai rien de ces prétendus retours aux philosophes antérieurs (1) qui

(1) Certains socialistes ont eu aussi dans ces derniers temps le pieux désir de revenir à *ces autres philosophies*. L'un d'eux retourne à Spinoza, c'est-à-dire à une philosophie d'où est exclu le devenir historique. Un autre se contenterait du matérialisme du XVIIIe siècle *ut sic*, c'est-à-dire de la négation de tout transformisme. Certains veulent revenir à Kant : – donc, également, à l'insoluble antinomie entre la raison pratique et la raison théorique ? à la fixité des catégories et des facultés de l'âme, sur lesquelles il semblait que Herbart avait fait main basse ? à l'*impératif catégorique*, dans lequel il semblait que Schopenhauer avait découvert le précepte chrétien sous un masque métaphysique ? au *droit de nature*, dont ne veut plus entendre parler même le

aboutirent à mettre une *philologie* à la place de la philosophie, comme cela est arrivé aux *néo-kantiens*. J'indique seulement cette extraordinaire *équivoque verbale* par suite de laquelle beaucoup de gens confondent ingénument, notamment en Italie, cette philosophie spéciale qu'est le *Positivisme* avec le positif, c'est à-dire avec ce qui est positivement acquis dans l'expérience sociale et naturelle, vaste et toujours continuée. Ceux-là ne savent pas distinguer, par exemple, dans Spencer ce qui fait son mérite incontestable, la part qu'il a prise à la *physiologie générale* et ce qui n'est chez lui qu'impuissance à expliquer un seul fait historique concret au moyen de sa sociologie purement schématique. Ceux-là ne savent pas distinguer chez ce même Spencer ce qui revient au savant et ce qui revient au philosophe qui, en

Pape ? Mais pourquoi ne laissez-vous pas les morts ensevelir leurs morts ?

En effet, de deux choses l'une. Ou vous acceptez *ces autres philosophies* intégralement, telles qu'elles ont été quand elles ont été, et alors adieu le matérialisme historique ; ou bien vous allez y chercher ce qui vous convient et leur emprunter une partie de leurs arguments, et alors, en tant que vous êtes des socialistes, vous vous embarrassez d'un travail inutile, parce que, en réalité, l'histoire de la pensée est ainsi faite que rien n'y a été perdu de ce qui a été, dans le passé, une condition et une préparation à l'état présent de nos conceptions.

Il y a une troisième hypothèse : c'est que vous tombez dans le synchrétisme ou dans le confusionisme. Nous en avons un bel exemple dans M. L. Woltmann (*System des moralischen Bewustseins*, Düsseldorf, 1898) qui trouve le moyen de concilier l'éternité des lois morales avec le darwinisme, et Marx avec le christianisme ! (Note de l'édit. franç).

faisant de l'escrime avec les catégories de l'*homogène* et de l'*hétérogène*, de l'*indistinct* et du *différencié*, du *connu* et de l'*inconnaissable*, est lui aussi une survivance, c'est-à-dire tantôt un kantien inconscient et tantôt une caricature de Hegel ». « L'organisation de l'Université devrait-elle aussi refléter l'état actuel de la philosophie, qui consiste désormais dans l'immanence de la pensée dans ce qui est réellement connu, c'est-à-dire qu'elle est l'opposé de toute anticipation de la pensée sur le connu, de toute anticipation théologique ou métaphysique. » (*L'Università e la libertà della scienza*, Roma, 1897, pp. 14, 15, 16 et 17) (1).

Au fond cette philosophie, dans laquelle se complait M. De Bella, ne serait qu'une réédition de la *trinité* Darwin-Spencer-Marx, colportée avec tant d'éloquence, mais avec si peu de succès (2),

(1) Je prie le lecteur de se reporter à mon rapport au Congrès universitaire de Milan en 1887 sur la « laurea » en philosophie, qui est reproduite en appendice de la brochure, *L'Università*, etc. Mon ami Lombroso l'a qualifié alors plaisamment : *la décapitation de la métaphysique.* Je tiens à prévenir le lecteur que cette brochure est le seul de mes écrits qui soit encore en vente, tous les autres sont épuisés et quelques-uns sont introuvables. En me citant je ne fais donc de la réclame à aucun libraire ou éditeur.

(L'opuscule cité au texte, sans l'appendice, a été traduit et publié dans le *Devenir Social*, janvier 1897. Note de l'édit. franc).

(2) Ce peu de succès se trouve documenté par les nombreux articles qui ont été écrits contre lui, en commençant par l'article assez épicé de Kautsky dans la *Neue Zeit*, XIII, vol. I, pag. 709-716, pour finir par celui de

il y a déjà trois ans, par M. Enrico Ferri. Eh bien, mon cher Turati, je veux être ici honnêtement l'*avocat du diable*, et je reconnais que dans ces aspirations incertaines vers la philosophie du socialisme, et même dans un grand nombre des bêtises que l'on débite deci, delà, il y a un grain de sentiment juste, qui répond à un besoin réel. Beaucoup de ceux qui en Italie viennent au socialisme, et qui ne sont pas de simples agitateurs, des conférenciers ou des candidats, sentent qu'il est impossible de s'en faire une conviction scientifique si ce n'est en le rattachant de quelque manière ou par quelque sentier au reste de la conception génétique des choses, qui est plus ou moins à la base de toutes les autres sciences. De là vient la manie de beaucoup de mettre dans le socialisme toute la science dont ils disposent plus ou moins. De là les nombreuses énormités et les

M. David dans le *Devenir Social*, décembre 1896, pages 1059-65, pour ne pas parler de beaucoup d'autres. M. Ferri, dans une note de l'appendice à l'*édition française* de son livre *Darwin, Spencer, Marx*, Paris 1897, dit : « Le professeur Labriola a tout récemment répété, sans la démontrer, cette affirmation, que le socialisme n'est pas conciliable avec le darwinisme (sur le *Manifeste* de Marx et d'Engels, dans le *Devenir Social*, juin 1895) ». Or (*In Memoria del Manifesto*, pag. 20), je m'en prends à ceux qui « cherchent dans cette doctrine (dans le matérialisme historique) une dérivation du darwinisme, qui seulement dans un certain sens, mais dans un sens très large, en est un cas analogique ». Il me semble que nier la *dérivation* et admettre l'*analogie* ne signifie pas nier la *conciliation possible*. Je prierais de rapprocher mon essai : *Del Materialismo storico*, pages 25-30 (pag. 138-144 de l'édit franç. des *Essais*, etc.).

nombreux enfantillages, au fond toujours explicables. Mais de là aussi un grand danger ; car ces intellectuels oublient que le socialisme a son fondement réel uniquement dans la condition actuelle de la société capitaliste, et dans ce que le prolétariat et le reste du menu peuple peuvent *vouloir* et *faire* ; — pour l'œuvre de ces intellectuels, Marx devient un mythe ; — et tandis qu'ils discourent de haut en bas et de bas en haut sur toute l'échelle de l'évolution, finalement on mettra aux voix dans un prochain congrès de *compagnons* cette proposition : le premier fondement du socialisme est dans les vibrations de l'éther (1).

C'est ainsi que je m'explique l'*ingénuité* de M. De Bella : « Si seulement Marx vivait encore ! » Etant né le 5 mai 1818, (mort le 14 mars 1883) il pourrait évidemment vivre encore ; et, s'il était vivant — dirais-je moi — il aurait achevé le III° volume du *Capital*, qui est resté si désordonné et si obscur. Non pas, dit M. De Bella, il serait devenu *matérialiste*. Mais, grand Dieu, s'il l'était dès 1845, et si cela le fit prendre en horreur par les idéologues radicaux de son entourage ! Et non seulement il serait devenu matérialiste, mais

(1) La proposition philosophique est en partie indiquée dans ces mots de M. Ferri qui terminent la note citée ci-dessus : « le *transformisme biologique* est évidemment fondé sur le *transformisme universel*, en même temps qu'il est la base du *transformisme économique et social* ».

Donc — dis-je — vous proclamez Spencer en même temps un génie et un crétin, puisque, tout en étant le prince de l'évolutionisme, il n'a jamais compris le socialisme.

positiviste. Le Positivisme! Dans la *chronologie vulgaire* ce nom désigne la philosophie de Comte et de ses disciples. Or celle-ci était morte *idéalement*, avant même que Marx mourut *physiquement*. Quel joli spectacle : le matérialisme — le positivisme — et la dialectique en très sainte trinité ! Et ensuite : la *papauté scientifique* de Comte réconciliée avec la progressivité indéfinie du matérialisme historique, qui résout le problème de la connaissance en s'opposant à toutes les autres philosophies et qui déclare : qu'il n'y a aucune limitation fixe, ni *a priori* ni *a posteriori*, au connaissable, parce que dans le processus indéfini du travail, qui est expérience, et de l'expérience qui est travail, les hommes connaissent tout ce que l'on a besoin et tout ce qu'il est utile de connaître (1). Ce Comte qui proclamait que le cycle de la physique et de l'astronomie était fermé pour toujours au moment même où l'on découvrait l'équivalent mécanique de la chaleur et quelques années avant l'éclatante découverte de l'analyse spectrale ; ce Comte qui, en 1845, déclarait *absurde* la recherche de l'origine des espèces !

Mais le matérialisme historique, continue M. de Bella, doit être complété par la préhistoire ! Ici l'affaire se corse. L'*Ancient Society* de Morgan, publiée en Amérique, et dont un petit nombre

(1) Il faut nous attendre à la *dyade* Socrate-Marx, parce que Socrate le premier découvrit que la connaissance est action, et que l'homme ne connaît bien que ce qu'il sait faire. J'ai écrit un ouvrage sur la *Dottrina di Socrate*, qui porte la date de 1871, Napoli.

d'exemplaires sont venus en Europe sous la firme de M. Macmillan de Londres (1877), a été comme mise sous séquestre par l'impitoyable conspiration du silence organisée par les ethnographes anglais jaloux ou inquiets. Les résultats des recherches de Morgan ont circulé cependant dans le monde précisément grâce au livre d'Engels qui a pour titre : *de l'Origine de la famille, de la propriété privée et de l'Etat* (1re édit. 1884, 4e édit. 1891) qui est en même temps un compte rendu, un exposé et un complément du livre, et qui essaye de relier Morgan et Marx. Quelle est l'opinion d'Engels sur Morgan ? — « il a découvert à nouveau le matérialisme historique, ignorant complètement ce que Marx en avait dit » ; et quelle a été l'occasion du livre ? — le désir de mettre à profit les *notes* et les *gloses* laissées par Marx ! Mais, Monsieur De Bella, la chronologie vulgaire est quelque chose d'assez important.... même pour les socialistes.

Revenons, puisqu'il le faut, à l'inévitable Spencer. Qui donc, si ce n'est en Italie, s'est jamais permis de l'adjuger au socialisme ? Spencer est-il un philosophe de l'autre monde ? On peut lire ses ouvrages dans toutes les langues de tous les pays, sans en excepter le Japon modernisé. Et il ne pèche pas par l'obscurité : et même à mes yeux, moi qui aime la concision pleine de pensée, il est trop prolixe et par trop plein de détails sans importance. Le premier ouvrage de lui que l'on connaisse porte la date de 1843. On était alors, le fait est à noter, au plus fort de l'*agitation chartiste*. Cet ouvrage a pour titre : *De la sphère propre de l'Etat*. Tout le monde sait que Spencer a été un collaborateur très goûté de l'*Economist*, de la *Westminster* et de l'*Edinburg Review*, et, remarquons encore ces dates, précisément dans les années significatives de 1848 à 1859. Qui donc a eu, en Angleterre, des illusions sur le sens et la valeur de ses idées politiques et sociales ? La *Statique sociale* parut en 1851, la *Psychologie* (1re édit.) en 1855, le *Traité sur l'Education* en 1861, la 1re édition des *Premiers principes* en 1862, la *Classification des sciences* en 1864, la *Biologie* de 1864 à 1867, sans parler de ses Essais plus importants et surtout de ceux sur l'*Hypothèse du développement* (1852), la *Genèse de la Science* (1854), et le *Progrès et sa Loi* (1857). Je termine ici cette kyrielle de noms et de dates pour m'en tenir aux publications qui précèdent le premier volume du Capital (25 juillet 1867). Il n'y avait pas besoin du génie de Marx pour apercevoir dans ces ouvrages ce que je pouvais y apercevoir, moi simple *studiosus philosophiae*, il y a trente ans déjà : que la doctrine de l'évolution qui y est énoncée est schématique et non empirique, que cette évolution est phénoménale et non réelle, et qu'elle a derrière elle le spectre de la *chose en soi* de Kant, honorée d'abord en toutes lettres sous le nom de *Dieu* ou de la *Divinité* (*Statique*, édit. de 1851), plus tard enveloppée dans le nom révéré de l'*Inconnaissable*.

Je gagerais que si, entre 1860 et 1870, Marx avait parlé des œuvres de Spencer il l'aurait fait de la manière suivante : voici le dernier reste idéal du déisme anglais du XVIIIe siècle ; — voici le dernier effort de l'hypocrisie anglaise pour combattre la philosophie de Hobbes et de Spinoza ; — voici la dernière projection du transcendant sur le domaine de la science positive ; — voici la dernière transaction entre le crétinisme égoïste de M. Bentham et le crétinisme altruiste du Rabbi de Nazareth ; — voici la dernière tentative de l'intelligence bourgeoise pour sauver, avec la libre recherche et la libre concurrence dans l'*au-deçà*, un énigmatique lambeau de foi pour l'*au-delà* ; — seul le triomphe du prolétariat peut assurer à l'esprit scientifique les conditions pleines et parfaites de sa propre existence, parce que ce n'est que dans la transparence de l'action que l'intelligence peut être parfaitement transparente. Voici ce qu'écrivait Marx, c'est-à-dire ce qu'il aurait pu écrire ; mais il avait alors à s'occuper de l'Internationale, et celle-ci Spencer n'eut pas le temps de la remarquer.

Le 17 mars 1883 Frédéric Engels, parlant au cimetière de Highate en mémoire de son ami Marx, mort trois jours auparavant, commençait en ces termes : « De même que Darwin découvrit la loi du développement de la nature organique, Marx découvrit la loi du développement de l'histoire humaine » (1). N'y a-t-il pas là de quoi être humilié ?

Et cela ne suffit pas. Dans l'*Antidühring* (1re

(1) Conf. *Züricher Sozialdemokrat* du 22 mai 1883, pag. 1. Je remarque ici en passant que Darwin, mort l'année précédente, était né en 1809. Engels est né comme Spencer en 1820. Il s'agit donc de véritables contemporains du même âge, de personnes ayant vécu dans le même milieu.

édit. de 1878 — la troisième est de 1894) ce même Engels avait déjà acquis toutes les notions fondamentales du Darwinisme qui sont nécessaires pour l'orientation générale du socialisme scientifique. Il s'y était préparé par dix années de nouvelles études sur les sciences naturelles, et il disait avec candeur qu'il était sur ces sujets plus au courant que Marx qui, de son côté, était fort en mathématiques. Et cela ne suffit pas. Dans la première édition du *Capital* on trouve déjà une note caractéristique et très originale sur le nouveau monde découvert par Darwin. On comprend que ces deux modestes mortels, qui n'ont jamais voulu se mettre au-dessus de l'Univers, ont toujours voulu se référer à ce prosaïque Darwinisme de l'*Origine* des espèces (1859), qui est un groupe de théories tirées d'un groupe d'observations et d'expériences sur un domaine circonscrit de la réalité, qui commence bien au-deçà des origines de la vie et qui précède de beaucoup l'histoire humaine. Dans ces théories ils ne pouvaient pas ne pas apercevoir un cas analogue de la conception épigénétique de l'histoire, qu'ils avaient en partie définie, en partie à peine esquissée (1). Ils n'ont jamais connu cependant ce Darwinisme *qui a découvert les lois de l'humanité entière* (De Bella), de ce Darwinisme, en un mot, bon à tout, qui est une invention gratuite de publicistes à

(1) J'ai esquissé ce qu'est la conception épigénétique dans un travail intitulé : *I Problemi della Filosofia della Storia*, Roma, 1887. Cet écrit suppose en partie un de mes travaux plus ancien : *Dell' Insegnamento della Storia*, Roma, 1876.

court de science, et de décadents de la philosophie. Leur ami Heine n'avait-il pas dit : l'Univers est plein de trous, et le professeur hégélien allemand couvre ces trous avec son bonnet de nuit ?

Laissons l'Univers et ses trous, tâchons, mon cher Turati, de faire chacun notre devoir. Je me rappelle toujours cette violente apostrophe que prononçait, il y a 30 ans, l'hégélien B. Spaventa; « Ici chez nous, en Italie, on étudie l'histoire de la philosophie dans la géographie de l'Arioste et on cite sur la même ligne Platon et l'abbé Fornari, Torquato Tasso et Totonno Tasso (1) ».

Croyez-moi toujours, etc.

(1) Celui-ci était un improvisateur de cabaret qui, ayant à rebours le sens de lui-même, fut un minuscule précurseur d'Oscar Wilde.

VIII

Rome, 20 juin 1897.

Il me faut un *post-scriptum* qui ajoute quelques notes à mon avant-dernière lettre, si pleine d'assez lourde philosophie.

Je mets — comme cela est naturel — parmi les produits de nos affectivités, dont j'ai dit qu'elles obscurcissent l'intelligence appliquée à la science, aussi cet ensemble d'inclinations, de tendances, d'évaluations et de préjugés, que nous désignons d'ordinaire par les dénominations antithétiques d'*optimisme* et de *pessimisme*.

Dans ces modes d'appréciation, qui oscillent entre la passion et la poésie, et qui révèlent toujours le ton incertain de ce qui ne peut être réduit en formule précise, il n'est personne qui puisse découvrir la direction ou la promesse d'une interprétation rationnelle des choses. Ils sont, dans leur ensemble, la manifestation en abrégé d'une infinité de sentiments particuliers, qui peuvent avoir leur siège, comme cela est plus évident pour le pessimisme, soit dans le tempérament spécifique d'un individu déterminé (par exemple Leopardi), soit dans une situation commune à toute une multitude (par exemple, aux origines du Bouddhisme). Optimisme et pessimisme, en somme, consistent à généraliser les sentiments affectifs résultant d'une certaine expérience de la vie ou d'une situation sociale déterminée, et à les prolonger au dehors du cercle de notre vie immédiate au point d'en faire comme l'axe, le fondement, ou la finalité de l'Univers. De sorte que, finalement, les catégories du bien et du mal, qui ont en réalité un sens si modestement relatif à nos contingences pratiques, deviennent en quelque sorte le critérium pour juger le monde tout entier, que l'on réduit à une image si petite, qu'il semble n'être que la simple présupposition ou la simple condition de notre bonheur ou de notre malheur. Aussi, de l'un comme de l'autre de ces deux angles visuels, il semble que le monde ne puisse être compris que comme s'il était fait pour le bien ou pour le mal, et constitué pour la prédominance ou pour le triomphe de l'un ou de l'autre.

Au fond de ces façons de concevoir il y a toujours la poésie originaire qui ne cesse jamais d'être accompagnée par le mythe ; — dans ces façons de concevoir fermente toujours, depuis le grossier optimisme mahométan jusqu'au pessimisme raffiné du bouddhisme, la moelle pratique et la force suggestive des systèmes religieux. Et cela est très naturel. La religion, qui, précisément pour cela et pour cela seulement, est un besoin, se compose de toutes les transfigurations des craintes, des espérances, des douleurs, des amertumes de la vie quotidienne en arrangements prédéterminés auxquels on croit et que l'on redoute, en sorte que les luttes du soi-disant ici-bas sont transformées en contrastes de l'univers — Dieu et Satan — la chute et la rédemption — la création et la palingénésie — l'échelle des expiations et le Nirvana. Cet optimisme ou ce pessimisme, qui se présentent sous l'aspect, ou mieux avec les apparences de chose pensée, dans le contenu de certaines philosophies, ne sont que des résidus plus ou moins conçus de la religion transformée de n'importe quelle manière, ou de cette anti-religion, qui, dans son emportement passionné à ne pas croire, ressemble à la foi. L'optimisme de Leibnitz, par exemple, n'est certes pas la fonction philosophique de sa recherche du calcul infinitésimal, ni de sa critique de l'action à distance, pas plus que de son monadisme métaphysique, ou de sa découverte du déterminisme interne. Son optimisme c'est sa religion — c'est-à-dire la religion qui lui sembla perpétuelle et permanente — un christianisme, dans lequel toutes les églises chrétiennes se concilient — une providence qui trouve sa justification dans l'image d'un monde qui est le meilleur de ceux qui pourraient être et durer. Cette poésie théologique a son pendant, dialectique parce que humoristique, dans le *Candide* de Voltaire ! Et de même le pessimisme de Schopenhauer n'est pas la résultante nécessaire de sa critique de la *critique kantienne*, ni la fonction directe de ses recherches logiques exquises, mais la manifestation de son âme de petit bourgeois, mesquin, envieux et même hargneux, qui se complète par la contemplation (métaphysique) des forces aveugles de l'*Inconscient* (c'est-à-dire de l'effort aveugle à être), — et il trouve son complément dans une forme religieuse peu remarquée en général, la *religion de l'athéisme* (1).

Si nous remontons, des configurations et des complications secondaires et dérivées de la religion ou de la philosophie théologisant, à l'origine première et immédiate de ces créations idéologiques que sont l'optimisme et le pessimisme, nous nous trouvons en présence d'un fait aussi évident que simple : chacun, par sa structure physique et par sa position sociale, est amené à un certain calcul hédoniste, c'est-à-dire à mesurer ses besoins, et par conséquent les moyens pour les satisfaire ; et enfin, par une conséquence néces-

(1) Je fais exception pour le philosophe Teichmüller qui seul a remarqué et indiqué la forme de l'*athéisme* actif qui est religion et croyance. Au contraire, la *non-religion*, qui est implicitement contenue dans les sciences expérimentales, correspond à l'indifférence de l'esprit pour toute foi ou toute croyance. L'*athéisme* qui est une foi active a donné naissance à ce sabbat parisien qui eut pour auteurs principaux le naïf Chaumette et l'équivoque Hébert.

saire, il en vient à apprécier, d'une façon ou d'une autre, les conditions de la vie elle-même dans son ensemble. Or, quand l'intelligence a fait de tels progrès qu'elle a triomphé des charmes de l'*imaginatio* et de l'*ignorantia*, qui relient les destinées si pauvrement prosaïques de la vie quotidienne aux (imaginées) forces transcendantes, on ne s'arrête plus à la suggestion générique de l'optimisme ou du pessimisme. L'esprit se tourne vers l'étude (prosaïque) des moyens propres à atteindre, non pas cette chose merveilleuse que l'on appelle le bonheur, mais le développement normal des aptitudes, qui, étant donné les conditions sociales et naturelles favorables, font que la vie trouve en elle-même la raison de son être et de son développement. Et c'est là le commencement de cette sagesse qui seule peut justifier l'épithète d'*homo sapiens*.

Le matérialisme historique, étant la *philosophie de la vie* et non des apparences et des réflexes idéologiques de celle-ci, dépasse l'antithèse de l'optimisme et du pessimisme, parce qu'il en dépasse les termes en les comprenant.

L'histoire est bien une série douloureusement interminable de misères ; — le travail, qui est la caractéristique distinctive de la vie humaine, est devenu le tourment et la malédiction de la majorité des hommes ; — le travail, qui est la prémisse de toute existence humaine, est devenu la raison de la sujétion du plus grand nombre des hommes ; — le travail, qui est la condition de tout progrès, a mis les souffrances, les privations, les soucis et les peines du plus grand nombre des hommes au service de l'égoïsme de quelques-uns. Donc l'histoire est un enfer ; — on pourrait la représenter, dans un drame lugubre, comme la *tragédie du travail* !

Mais cette même histoire lugubre a tiré de cette même condition des choses, presque toujours à l'insu des hommes eux-mêmes, et certes sans la préarrangement providentiel de personne, les moyens propres au *perfectionnement relatif*, d'abord d'un très petit nombre, puis de quelques-uns de plus, puis d'un plus grand nombre ; — et il semble maintenant qu'elle les prépare pour tous. La grande tragédie ne pouvait pas être évitée. Elle n'est le résultat ni d'une faute, ni d'un péché, ni d'une aberration, ni d'une dégénérescence, ni de l'abandon capricieux et criminel du droit chemin, mais d'une nécessité intrinsèque au mécanisme même de la vie sociale, et au rythme du processus de celle-ci. Ce mécanisme repose sur les moyens de subsistance, qui sont le produit du travail même des hommes combiné avec les conditions naturelles plus ou moins favorables. Maintenant que s'ouvre devant nos yeux cette perspective que la société pourra être organisée de manière à donner à tous les moyens de se perfectionner, nous voyons clairement que cette attente devient plausible, précisément parce que, avec l'accroissement de la productivité du travail, s'établissent les conditions matérielles propres à communiquer à tous les hommes la civilisation. C'est en cela qu'est la raison d'être du communisme scientifique, qui ne se fie pas au triomphe d'une bonté, que les idéologues du socialisme sont allé dénicher dans je ne sais quels replis cachés de tous les cœurs de tous les trépassés pour la proclamer l'éternelle justice. Mais il se fie à la croissance de ces moyens matériels qui permettront que tous les hommes jouissent des conditions du loisir indispensable à la liberté ; — ce qui signifie que les raisons de l'*injuste* seront éliminées, c'est-à-dire l'autorité, la puissance, la domination de l'homme sur l'homme ; et ces *injustices* (pour nous servir du langage des idéologues) supposent, en fait, comme *conditio sine qua non* précisément cette misérable chose matérielle qu'est l'exploitation économique !

Ce n'est que dans une société communiste que le travail ne pourra pas être exploité, et qu'il pourra même être rationnellement mesuré. Ce n'est que dans une société communiste que le calcul hédoniste, ne rencontrant plus d'obstacles dans l'exploitation privée des forces sociales, pourra avoir le caractère de chose déterminable. Après avoir écarté les entraves au libre développement de chacun, ces entraves qui différencient maintenant les classes et les individus jusqu'à les rendre méconnaissables, chacun pourra trouver dans la mesure de ce dont la société a besoin, le critérium de ce qu'il peut faire et de ce qu'il est nécessaire qu'il fasse. S'adapter à ce qui est faisable, et sans contrainte extérieure, c'est en cela que réside la mesure de la liberté, qui ne fait qu'un avec la sagesse, parce qu'il ne peut pas y avoir de morale véritable là où il n'y a pas la conscience du déterminisme. Dans une société communiste tombent d'elles-mêmes les apparences antithétiques de l'optimisme et du pessimisme, parce que la nécessité de travailler au service de la collectivité et l'exercice de la pleine autonomie personnelle ne forment plus des antithèses, mais apparaissent comme une seule et même chose ; — l'éthique de cette société fait disparaître l'opposition entre les droits et les devoirs, qui n'est au fond que l'amplification doctrinale de la condition de la société antithétique actuelle, dans laquelle quelques-uns ont la faculté d'imposer aux autres l'obligation de faire ; — dans cette société, dans laquelle la bienveillance n'est plus charité, ne semblerait-il pas utopique de demander que chacun agisse selon ses forces et que chacun reçoive selon ses besoins ; — dans cette société la pédagogie préventive éliminerait, en grande partie, la matière de la pénalité, et la pédagogie objective de l'association et de la collaboration rationnelles réduirait au minimum le besoin de la répression ; — en un mot, la peine apparaîtrait comme la simple garantie d'une organisation déterminée, et se dépouillerait par conséquent de toute apparence métaphorique de justice suprême à venger ou à rétablir. Dans cette société ne prendrait plus racine le besoin de chercher à la destinée pratique de l'homme une explication transcendante.

Par ce criticisme des causes de l'histoire, des raisons de la société présente et de l'attente rationnellement mesurée et mesurable d'une société future, on voit pourquoi l'optimisme et le pessimisme, comme tant d'autres idéologies, devaient et doivent servir de soulagement et de manifestation aux affectivités des consciences bouleversées par les luttes de l'existence sociale. Si c'est cela que veulent dire les idéologues auxquels vous faites allusion, et si, en parlant de l'*éternelle justice*, ils veulent recueillir tous les soupirs et toutes les larmes de l'humanité à travers les siècles, c'est bien ; — les licences poétiques ne sont pas défendues, même aux socialistes. Mais qu'ils ne s'essayent pas ensuite à dresser sur ses jambes le mythe de l'éternelle justice, pour le mettre en marche contre le règne des ténèbres. Cette grande dame bienfaisante n'ébranlera pas une seule des pierres de l'édifice capitaliste. Ce que les idéologues du socialisme appellent le *mal*, contre lequel le *bien* lutte, ce n'est pas une négation abstraite, mais c'est un dur et solide système de choses réelles : c'est la misère organisée pour produire la richesse. Et les matérialistes de l'histoire ont le cœur si peu tendre qu'ils affirment, qu'ils trouvent dans ce *mal* précisément les ressorts de l'avenir, c'est-à-dire qu'ils les trouvent dans la rébellion des opprimés et non dans la bonté des oppresseurs.

Qu'il soit facile de retomber dans la métaphysique, dans le mauvais sens du mot, c'est ce qui résulte très souvent de ces études, qui, selon leurs auteurs, représentent la quintessence de l'étude scientifiquement positive. C'est le cas par exemple d'un grand nombre de vulgarisateurs de la si critiquée et si criticable *anthropologie criminelle*.

Comme but et comme tendance elle représente une partie notable de cette critique salutaire du droit de punir, qui petit à petit a réussi à ébranler dans ses fondements toute la construction philosophique, et principalement la construction éthique, d'un fait si simple et si empirique que celui de la nécessité de la punition, étant donné l'existence d'une société. Dans la méthode cependant elle sort rarement des limites de la combinaison statistique, et du vraisemblable qui est le propre de ce mélange bigarré d'études qu'on appelle l'anthropologie. Elle ne se rapproche presque jamais par exemple de la précision de recherche, grâce à laquelle la psychiâtrie, qui selon quelques-uns semblerait voisine, par les progrès merveilleux de l'anatomie des centres nerveux et de toutes les parties de la médecine, a contribué au développement de la psychologie, dans l'espace de quelques années, beaucoup plus que ne l'ont fait vingt siècles de discussions des textes d'Aristote, et les hypothèses du spiritualisme et du matérialisme purement rationalistes.

Mais ce n'est pas là ce que je veux indiquer.

Dans cette doctrine domine la tendance à fixer et à considérer comme des dispositions (innées) les actes criminels des individus qui présentent certains indices caractéristiques ; — caractères qui, au point de vue objectif, ne sont pas toujours d'ailleurs bien nets ni bien manifestes. Jusque ici cela peut aller.

La théorie qui est à la base du droit pénal des pays sur lesquels la révolution bourgeoise a étendu son action, partage avec tout ce que nous appelons le libéralisme les avantages et les défauts du principe d'égalité, qui, étant donné les différences naturelles et sociales des hommes, ne peut pas ne pas être purement formel et abstrait. Cette théorie a été certainement un progrès sur la justice corporative et sur les privilèges du clergé et de l'aristocratie, et à ce point de vue il y a une victoire historique dans cette maxime : *la loi est égale pour tous*. De plus, cette théorie, en réduisant la répression à la seule garantie juridique de l'ordre légalement constitué, se borne à frapper ce qui est un dommage ou une lésion pour cette organisation même, et elle ne pénètre plus dans la conscience. Elle s'est dépouillée de tout caractère religieux, et elle ne frappe plus la pensée et l'âme. Elle n'est plus l'instrument d'une église, d'une croyance, d'une superstition. Ce droit pénal est prosaïque, comme l'est toute la société capitaliste. Et c'est là un autre triomphe — sauf quelques légères inconséquences — de la pensée libre. En un mot, on punit l'acte et non l'homme ; on punit ce qui trouble l'ordre que l'on veut défendre, non la conscience, qu'elle soit irreligieuse, mécréante, athée, etc. Pour arriver à ce résultat cette théorie a dû *construire*, sur la base moyenne de la *volontariété*, et en excluant les cas extrêmes d'absence de conscience et de direction dans l'acte, une responsabilité typique égale pour tous les hommes (1). Et c'est ici, que, comme par ironie pour cette justice si vantée et tant célébrée, le principe de la loi égale pour tous se change dialectiquement en la plus grande injus-

(1) «... De cela les juristes ne se rendent ordinairement pas compte. Responsabilité au sens psychologique du mot cela veut dire attribution de l'acte à la personne (au vouloir), en tant qu'elle est consciente de son exécution — qu'elle le veut. Mais pour que la responsabilité au sens psychologique soit égale à la responsabilité au sens moral, il faut comparer le vouloir qui est le commencement de l'action avec la somme des idées qui forment la conscience morale de l'agent, et dans cette comparaison on ne peut pas ne pas arriver à ce résultat : que la responsabilité morale de chacun se perd dans une différenciation infinitésimale d'individu à individu » — p. 124 de mon livre : *Della libertà morale*, Napoli, 1873, et passim.

tice : parce que les hommes sont en réalité socialement et naturellement *inégaux devant la loi.*

Sur cette dialectique se sont exercés depuis longtemps les sociologistes et les critiques de toute sorte. Il y a comme une longue échelle d'opinions opposées au droit existant : depuis le paradoxe empreint de mysticisme que la société punit les délits qu'elle couve, jusqu'à l'exigence humanitaire, que l'éducation égale pour tous justifie, en fournissant les conditions de réalisation, le principe de la loi égale pour tous. Le point culminant de toutes ces critiques est occupé par les socialistes conséquents : qui, partant du concept des différences de classe comme essentielles à la vie sociale actuelle, ne cherchent pas dans le droit de punir, comme ils ne cherchent dans aucune autre partie du droit existant, la justice égale pour tous : parce que ce serait chercher l'invraisemblable, étant donné cette forme de société dans laquelle les différenciations sont la cause et le contenu de l'association même. Ce droit de justice moyenne, qui le plus souvent est contradictoire avec lui-même, est naturel dans une société dans laquelle le postulat de l'égalité doit se donner de perpétuels démentis. Le mensonge est beaucoup plus évident dans cette belle trouvaille des apologistes de la forme capitaliste, quand ils disent qu'après tout les salariés sont des citoyens libres qui librement se vendent, en traitant en égaux avec leurs égaux, les capitalistes ! — Mais nous socialistes, nous ne voulons pas abandonner ce principe, contradictoire en soi, pour aller ensuite avec les réactionnaires qui l'attaquent pour d'autres raisons et qui voudraient l'éliminer d'une autre manière : bien plus nous l'acceptons comme la négation immanente à la société bourgeoise, c'est-à-dire comme son corrosif historique.

L'anthropologie criminelle est venue au bon moment apporter le secours de ses études spéciales à la thèse critique, qui met en évidence ce qu'il y a d'invraisemblable dans la loi égale pour tous. Dans ce sens elle est une doctrine progressive. Aux différences sociales qui rendent absurde le postulat de la responsabilité égale pour tous, selon la forme typique de la volontariété de l'esprit sain, elle a ajouté l'étude des différences *présociales* qui sont les limites que l'animalité oppose, comme forces invincibles, à toute action d'adaptation éducative. Il n'est pas utile de rechercher ici si elle a exagéré l'extension de cette animalité, en interprétant mal les cas qu'elle se proposait d'étudier, et en amplifiant parfois énormément les résultats d'observations partielles et peu précises. Ce qu'il importe c'est de dire qu'à un certain point de vue méthodique, elle retombe, inconsciemment, dans la métaphysique abhorrée. Dans sa fougue légitime à combattre l'entité justice et l'entité responsabilité, elle s'arrête ensuite, en les fixant, à des faits naturels, à des dispositions à commettre des délits, dont elle emprunte la dénomination et la définition à ces catégories de la protection sociale qui répondent uniquement aux conditions de la vie auxquelles les hommes, seulement après leur naissance, s'adaptent petit à petit. Dans la nature, en un mot, il y a la lascivité effrénée et excessive, mais non pas certes l'adultère (celui-ci est une catégorie plus que sociale !), la rapacité, mais non le vol dans toutes ses spécifications *économiques*, jusqu'à la fausse signature sur une lettre de change, le tempérament sanguinaire, mais non le régicide, etc. Et que l'on ne dise pas que ce sont là des questions purement *verbales*. Cela touche à l'essence des choses. Cela concerne la conscience des limites méthodiques. Il importe de rappeler que la métaphysique est un mal atavique, auquel n'échappent pas même ceux qui crient actuellement et toujours : à bas la métaphysique ! Dans un autre domaine d'études, dans la psychologie en général et dans la psychiâtrie en particulier, cela est arrivé aussi pendant longtemps. Beaucoup de ceux qui voulaient localiser dans le cerveau les phénomènes psychiques, au lieu de se tenir aux faits les plus élémentaires qui, en vérité, depuis peu de temps seulement ont été séparés et fixés, localisaient (comme cela est arrivé même à l'éminent physiologiste Ludwig) les facultés de l'âme et autres semblables produits du rationalisme philosophique, c'est-à-dire qu'ils donnaient une place matérielle à ce qui n'existe pas. L'anthropologie criminelle doit encore séparer nettement et fixer d'une façon critique ses propres catégories, et ne pas accepter comme naturelles et innées les catégories que le droit de punir, prenant en considération les conditions de la simple expérience sociale, a, pour des raisons pratiques, établies et acceptées.

IX

Rome, 2 juillet 1897.

Vous faites allusion à ces critiques, d'esprit et de tendance différents, qui, pour des raisons très diverses entre elles, pensent que le *christianisme* échappe à *l'intelligence matérialiste de l'histoire*, et qui estiment qu'il y a là une objection d'une difficulté insurmontable.

Dois-je m'enfoncer dans cette forêt, non pas âpre et sauvage, mais pour moi certainement fort obscure ? Vous savez combien j'ai horreur des schématismes de toute sorte. Je ne crois pas — et penser le contraire serait pure fatuité — qu'il y aura jamais aucune théorie historique si bonne et si excellente par elle-même qu'elle puisse nous communiquer d'emblée la connaissance sommaire des histoires particulières, quand nous ne nous sommes pas rendus maîtres antérieurement, par nos études personnelles et directes, de tous les détails de celles-ci. Or, je n'ai jamais jusqu'ici fait d'études *ex professo* sur l'histoire de l'église chrétienne, qui me permettent d'en parler librement ; je sais bien d'ailleurs que d'ordinaire ceux qui font l'objection en dissertent d'après des impressions purement génériques. Dans ma jeunesse, comme tous ceux qui vivaient dans le cercle de la philosophie classique allemande, j'ai lu Strauss et les principaux ouvrages de l'école de Tubingue, et maintenant, comme tant d'autres, je pourrais, avec une petite variante, répéter l'exclamation de Faust : *ich habe, leider, auch Theologie studirt !*

Mais depuis... je ne me suis plus occupé de ces choses. Et cependant j'ai conservé très forte en moi cette conviction que, de même que l'école de Tubingue a commencé, d'une manière définitive et véritablement, à étudier le christianisme de la seule façon qui puisse être qualifiée d'historique, de même les progrès ultérieurs consistent principalement en corrections et en compléments, qui ont été déjà apportés ou que l'on apporte, aux résultats de cette école même. La principale de ces corrections est, et doit être, à mon sens, la suivante : tandis que l'école de Tubingue se proposait, d'une façon prépondérante mais non pas exclusive, d'étudier la genèse et le processus des croyances et des dogmes, il a fallu et il faut actuellement se mettre à l'étude objective de la formation et du développement de l'*association chrétienne*. En se rapprochant ainsi des considérations, que, *brevitatis causa*, j'appellerai *sociologiques* on fait un pas en avant vers le caractère objectif de la recherche : de sorte que l'intelligence du comment et du pourquoi l'association est née et s'est développée, nous permet de voir pour quelles raisons et dans quelles directions les âmes, les imaginations, les intelligences, les désirs, les craintes, les espérances, les aspirations des associés ont dû s'adjoindre certaines croyances, rechercher certains symboles, arriver à la conception de certains dogmes ; — comment ils ont pu, en un mot, grouper tout un monde doctrinal et idéologique. Lorsqu'on a opéré cette inversion on est déjà sur le chemin qui mène droit au matérialisme historique ; nous sommes dès lors très près de ce postulat général, qu'il faut considérer les idées comme le produit et non comme la cause d'une structure sociale déterminée.

Si je ne me trompe pas, — parce que, comme je vous le disais, je connais assez mal ces sujets — ce courant réaliste est l'objet même des récents travaux sur les antiquités chrétiennes, dont les principaux sont dûs, me semble-t-il, à des écrivains comme Harnack par exemple. Je cite incidemment, parce que j'ai étudié ce livre, les très célèbres *lectures* de l'anglais Hatch, dans lesquelles on démontre, par une analyse très claire et très documentée, que l'association chrétienne, quelque temps après ses toutes premières origines, s'est développée et consolidée en s'adaptant aux différentes formes de droit corporatif qui étaient en vigueur dans les différentes régions de l'empire, ou aux conditions spéciales du droit public romain, ou à celles des autres usages locaux et nationaux, et particulièrement des institutions grecques et helléniques. Que nos évêques ne s'en fâchent point. *L'esprit saint* a certes lui aussi contribué à leur donner une situation supérieure à celle du reste des fidèles, depuis que, dans l'association originairement démocratique, on a créé une différenciation hiérarchique entre le *clergé* et les *laïques* (c'est-à-dire le peuple), mais leur nom même rappelle que l'organisation a été faite sur le modèle exact de ces corps de bateliers, de pêcheurs, de boulangers, etc., qui avaient, eux aussi, leurs évêques (surveillants) *et reliqua.*

Arrivé là on peut faire encore un pas en avant. On peut abandonner l'idée abstraite et générique d'une histoire unique et unitaire de *tout le christianisme*, et en venir à l'histoire particulière, selon les temps et les lieux, de l'*association chrétienne* ; — association qui, tantôt est une partie seulement de cette plus large société civilisée, à demi civilisée, ou complètement barbare, dans laquelle elle a grandi dans les trois premiers siècles, — qui, tantôt, semble dominer et absorber tous les rapports de la société à demi-civilisée ou à demi-barbare tout entière, comme dans l'occident latin du moyen âge — et finalement, après la dissolution de l'unité catholique qui vint du protestantisme, et la liberté de conscience une fois reconnue, et plus particulièrement après la *Grande Révolution,* elle redevient une partie du tout dans la communauté politico-sociale, une partie prépondérante, secondaire ou infime, etc., ainsi de suite. C'est de cette manière qu'on peut traiter aussi le problème des rapports de l'*Église* et de l'*État*, qui est une question de relativité historique et non d'élaboration théorique formaliste.

C'est ainsi qu'on est enfin en mesure de rechercher et d'exposer les conditions matérielles, qui, comme cela est arrivé pour toutes les communautés sociales, ont produit d'abord l'association chrétienne et puis l'ont conservée, perpétuée ou l'ont amenée à sa dissolution partielle ou locale, avec toutes les vicissitudes variées, qui deviennent ensuite évidentes sans difficulté dans leurs causes et dans leurs raisons. Et l'on comprend que les croyances, les dogmes, les symboles, les légendes, les liturgies, etc., doivent venir en seconde ligne, comme il advient de toutes les autres superstructures idéologiques.

Continuer d'écrire l'histoire de l'entité *Christianisme* (je le désigne ici par un seul mot avec un lettre majuscule) c'est aggraver encore l'erreur de méthode dans laquelle tombent les littérateurs et les érudits quand ils composent, d'une façon absolument unitaire, comme s'il s'agissait de choses existant par elles-mêmes, des histoires de la *littérature* ou de la *philosophie*. Dans ces savantes manipulations il semble que les poètes, les orateurs, les philosophes des diverses époques, isolés du reste du monde dans lequel ils ont réellement vécu, se donnent la main à travers ou au-dessus des siècles, pour former une chaîne illustre ; — ou qu'ils n'ont pas emprunté la matière et les raisons de philosopher ou d'écrire des vers dans les conditions de la société dans laquelle ils ont vécu, et du stade d'évolution de celle-ci, et qu'ils se sont efforcés d'entrer dans la série indépendante qui constitue la table des matières soigneusement rédigée dans la docte compilation. On comprend combien certes il est commode d'avoir sous la main, dans un manuel, l'ensemble des renseignements sur ce qu'on appelle la littérature française, depuis la Chanson de Roland, par exemple, jusqu'aux romans de M. Zola ; mais entre tous ces auteurs il n'y a pas uniquement une différence chronologique, ni une simple variété dans les facultés poétiques, parce que il y a aussi le changement de tous les rapports de la vie sociale dans tous ses principaux aspects, et, par rapport à ces transformations sociales, les manifestations littéraires ne sont que des indices relatifs, des sédiments spécifiques, et des cas particuliers. Il peut être commode, notamment pour cette préparation artificielle au savoir, qui forme une si grande partie de l'activité de nos Universités, de réduire en résumés la somme de ce que, dans l'histoire, nous appelons, d'une façon générique, la *philosophie* ; mais comment arriverait-on à comprendre véritablement, de cette manière, comment les différents philosophes sont arrivés à penser de façon si discordante, et souvent si contradictoire ? Comment ranger sur une ligne unique de processus continu, indépendant et unitaire, la philosophie de l'antiquité, qui a été jusqu'à Platon presque toute la science, — ce minimum de science qui a été la scolastique étouffée par la théologie, — et, plus tard, cette philosophie du XVIIe, qui est une forme de recherche conceptuelle parallèle à la nouvelle science contemporaine de l'observation et de l'expérimentation — et, enfin, cette néocritique qui tend maintenant à faire de la philosophie une simple revision formelle de ce que l'on sait dans chacune des sciences, déjà si différenciées entre elles ?

A potiori il est absurde d'écrire — si ce n'est pour des nécessités professionnelles — des histoires universelles du christianisme. Je ne parle pas de ceux qui pensent avec une âme de croyant, et qui estiment que le fil conducteur de ces histoires unitaires est dans la mission providentielle de l'église elle-même à travers les siècles. A ceux dont c'est là l'opinion et qui comprennent, de façon différente d'ailleurs, cette histoire idéale éternelle, qui serait comme une révélation immanente ou progressive, nous n'avons rien à dire, rien à suggérer. Ils sont hors de notre portée. Mais comment ces critiques qui écrivent les histoires unitaires du christianisme, tout en sachant et en reconnaissant qu'ils ont dans leurs mains une matière qui fait partie des conditions successives variables et plus ou moins nécessaires de la vie humaine, ne voient-ils pas que l'image suivie qu'ils s'en font repose sur une bien faible tradition, et n'est qu'un schéma très vague de choses que l'on peut à peine rapprocher ?

La naissance, l'extension, l'expansion, l'organisation et la disparition (dans certaines parties du monde, par exemple dans l'Asie antérieure et l'Afrique septentrionale) de l'association chrétienne, et ses attitudes différentes à l'égard du reste de l'activité pratique, et les multiples liens qu'elle a eus avec les autres groupements et puissances politico-sociales : — toutes ces choses, qui sont l'histoire véritable et réelle, ne peuvent pas être comprises si l'on ne peut pas partir de l'ensemble des conditions de chaque pays en particulier dans lequel un petit nombre, un grand nombre ou tous les habitants, les citoyens, qu'ils soient membres d'une modeste secte, qu'ils appartiennent à une catholicité impérieuse, qu'ils soient persécutés, tolérés, ou intolérants et persécuteurs, se disaient ou se disent chrétiens. C'est ici seulement que l'on commence à mettre le pied sur un terrain solide, c'est là le digne objet de l'intelligence historique ; et pour passer à l'interprétation matérialiste de l'histoire il ne faut pas alors plus d'effort qu'il n'en faut dans n'importe quelle branche de nos connaissances de la vie du passé.

En un mot, l'histoire réelle est celle de l'*église*,

ou mieux des *églises*, c'est-à-dire d'une société qui a son *oikonomia*, dans le sens générique d'organisation comme dans le sens plus spécifique de mode d'acquisition, de production, de distribution et de consommation des biens (hélas ! oui, de la *terre* !). Ceux qui entendent par christianisme, dans un sens exclusif, uniquement l'ensemble des croyances et des espérances sur la destinée humaine — croyances qui, en réalité, sont aussi variées qu'il y a de différence, pour n'en citer qu'une seule, entre le libre arbitre du catholicisme postérieur au concile de Trente et le déterminisme absolu de Calvin ! — doivent se résigner à comprendre et à admettre que cet ensemble de vues et de tendances est né et s'est développé toujours dans le sein d'une *association*, qui a continuellement varié en différents sens, et qui a toujours été, plus ou moins, contenue dans un *milieu* historico-social plus vaste et plus complexe, pour nous servir de l'expression préférée des néologistes.

Il faut tenir compte d'une autre considération. Dans ce quart d'heure de prose scientifique où nous nous trouvons en ce moment, on ne peut plus faire croire à personne que la masse de ceux qui étaient groupés dans l'association chrétienne aient jamais eu une idée claire de la variation des dogmes et des discussions subtiles des savants et des docteurs. De ces plèbes d'Antioche, d'Alexandrie, de Constantinople, etc., qui s'agitaient sous les drapeaux d'Arius et d'Athanase, nous ne connaissons d'une manière précise ni les passions, ni les intérêts, ni leur façon journalière de vivre, ni leur idiotisme habituel ; — nous ne pouvons les décrire comme nous le ferions maintenant pour Naples ou pour Londres — : mais nous ne serons jamais assez simples pour croire qu'ils comprenaient un iota aux disputes sur la *substance*, simplement *semblable* ou complètement *identique*, du *fils* et du *père*. Nous ne pourrions pas mesurer la différence réelle qu'il y a entre les artisans de Genève et les artisans de l'Italie du XVIe s. d'après la différence doctrinale qu'il y a entre Calvin et Bellarmino. C'est pour cela que l'histoire du christianisme reste en grande partie obscure, car elle ne nous a presque toujours été transmise qu'à travers le voile idéologique de ceux qui ont été le reflet dogmatico-littéraire du développement de l'association, de sorte que l'on ne sait relativement que peu de chose de la vie pratique, et ce peu que l'on sait descend presque à rien à mesure que l'on remonte jusqu'aux premiers siècles.

De plus, la masse des associés a toujours conservé dans son cœur et transporté dans les croyances et dans les légendes menues un grand nombre des superstitions et un très grand nombre des mythes dont elle était imbue avant sa conversion, et toutes ces autres superstitions et tous ces mythes qu'elle dut créer pour se rendre plausible à elle-même, en quelque manière, les doctrines abstraites et métaphysiques du christianisme doctrinal. C'est ce qui arrive très visiblement déjà dès la seconde moitié du deuxième siècle, quand l'association avait cessé depuis un certain temps déjà d'être une secte démocratique de gens attendant le *règne de Dieu*, pénétrés tous par l'esprit saint, et qu'elle s'acheminait vers la constitution d'une catholicité organisée, soit au point de vue de l'orthodoxie, soit à celui d'une coordination hiérarchique semi-politique d'une grande masse, non plus de saints, mais simplement d'hommes. Ce transport de toutes les superstitions locales, régionales et ethniques au sein du christianisme s'accroît à partir du moment où l'église devenant orthodoxe, officielle et *territoriale*, il n'était plus possible même aux plus zélés de séparer, par une scrupuleuse épuration, ceux qui pouvaient être persuadés par un enseignement pédagogique, de ceux qui étaient obligés de croire et de s'en tenir aux rites et aux formes quelles qu'elles fussent. A la chute de l'Empire d'Occident les conversions sommaires et forcées des barbares de la Germanie et des pays slaves augmentèrent le capital des croyances populaires qui devinrent la pâture quotidienne des masses, obligées de professer des symboles et des croyances aussi supérieures ou aussi étrangères à leur état intellectuel, que celles qui représentaient un précipité de beaucoup de demi-philosophies. Toutes ces populations chrétiennes vécurent et continuèrent à vivre de leurs croyances multiples ; et c'est pour cette raison que plus tard elles transformèrent réellement les données les plus communes du christianisme en mobiles et en occasions pour de nouvelles et spécieuses mythologies. Au-dessus de cette vie ingénuement barbare planaient, comme une idéologie inaccessible aux multitudes, et comme une utopie doctrinale, les définitions des docteurs et les décisions des conciles.

Quelles raisons et quelles causes, quels mobiles et quels moyens unissaient donc les membres de cette communauté dans les temps dont on dit que la religion a été l'âme et le soutien de toute la vie ? Je fais abstraction des vexations et des violences, pour ne pas entrer dans un chapitre fort épineux qui est celui auquel en appellent d'ordinaire les adversaires passionnés du christianisme, chapitre qui nous dévoile les tyrannies les plus odieuses, les persécutions les plus féroces et les plus inhumaines, et l'hypocrisie la plus raffinée. *Tantum religio potuit suadere malorum !* Ce que je veux surtout indiquer, c'est que la force principale de la cohésion était précisément dans ces *moyens matériels* si méprisés, dont l'usage, le maniement et le gouvernement ont fait de l'association une puissante organisation économique avec ses offices, sa hiérarchie, son droit et ses serfs, ses esclaves, ses colons, ses ministres, ses protégés et ses obligés. La propriété ecclésiastique représente toute une série de variations depuis l'obole du demi-communisme jusqu'à la corporation légale, et depuis celle-ci jusqu'à la collection des legs, à la constitution des complexus fonciers du latifundium et depuis le fief avec ses corollaires, les décimes et la finance des âmes, jusqu'aux tentatives plus modernes d'industrie coloniale (les jésuites), et ainsi de suite à d'autres choses encore. Ce qui maintint la cohésion des humbles ce furent principalement, comme cela est vrai encore en partie aujourd'hui, l'aumône, l'assistance des malheureux, des malades, des veuves, des orphelins, la gestion ordonnée et méthodique des champs, le défrichement des terres nouvellement conquises à la culture. Ce sont là les moyens qui, comme cela est arrivé pour toutes les autres personnes morales, ont fait de l'association chrétienne une chose vivante, et qui, surtout au moyen âge, ont permis à un très petit groupe d'initiés à la doctrine de faire servir un vaste groupement économique à des fins relativement plus élevées, plus nobles, plus altruistes et plus progressives, qu'on ne le fit dans les cercles des possessions étroitement féodales, et sous l'influence des souverains tout occupés à rançonner, à faire des razzias ou à vivre en pirates. La bourgeoisie, dans ses diverses phases, avec plus ou moins de rapidité et avec des formes plus ou moins révolutionnaires, a fait depuis main basse sur cette *économie* de la propriété de la population chrétienne, et elle l'a incorporée de diverses manières à la propriété de plein droit privé et l'a fait s'évanouir comme un fluide dans le système capitaliste. Là où cette propriété d'économie ecclésiastique a résisté en partie et là où elle résiste encore aux coups de la bourgeoisie triomphante, c'est parce qu'elle remplit encore certaines fonctions que les autres organisations publiques, et l'Etat qui les représente, ne prennent pas sur elles, ou qu'elles laissent encore dans l'Eglise sous forme de concurrence.

L'histoire de cette économie forme la substance de cette interprétation des variations du christianisme que la critique ultérieure aura à élaborer. Grégoire-le-Grand qui semble déjà si bien persuadé que l'évêque de Rome est destiné à se substituer à l'empire d'Occident disparu, Grégoire que toutes les personnes d'esprit cultivé connaissent pour ses visions, son amour de la musique et son apostolat chez les Angles, a rédigé en économiste les lois de l'exploitation du latifundium ecclésiastique. A quelques siècles de distance, à travers les adversités qu'ont traversées les demi-Etats et les différentes communautés demi-politiques qui se sont développés dans le sein de l'empire d'Occident toujours mal affermi et mal restauré, la très vaste propriété ecclésiastique, partout répandue et partout ancrée, permit de tenter la politique qui, de Grégoire VII à Boniface VIII, eut pour objectif de faire du successeur de Pierre l'héritier d'Auguste. Cette politique n'a pas été ce qu'elle a été parce que les moines de Cluny en avaient élaboré la théorie, ou parce que, comme cela est, Grégoire VII et Innocent III ont été des hommes éminents, mais parce que ce vaste empire économique seul offrait les moyens pour tenter un grand plan d'organisation, contre lequel, comme on le sait, se sont opposés de diverses façons non seulement les autres demi-potentats politiques du temps, mais dans certains lieux où l'activité industrielle et commerciale était plus avancée (Flandre, Provence, Italie du nord), et dans des buts différents de cénobitisme exalté ou de liberté civile chrétienne, même une partie des plèbes et des *bourgeoisies* récentes. Et en effet l'humiliation infligée à Boniface VIII à Anagni, n'est que le point culminant de la politique de Philippe-le-Bel qui, en précurseur très éloigné du principat révolutionnaire du XVIe siècle, met le premier hardiment la main sur les biens du peuple chrétien.

Je voudrais arrêter ici cette digression, parce que cette histoire économique n'a pas encore été écrite, et que ce n'est pas moi qui la commencerai par ces remarques incidentes.

Il me semble cependant entendre nos critiques habituels ajouter : mais cette histoire économique achevée, tout le reste deviendra-t-il clair d'une clarté parfaite ? C'est le sort ordinaire de tous ceux qui construisent des châteaux de cartes pour avoir ensuite le plaisir de les renverser en soufflant dessus. Expliquer un processus cela consiste, en général, à le résoudre dans ses conditions les plus élémentaires jusqu'à ce qu'il nous soit possible d'apercevoir et de suivre (depuis le minimum perceptible) les phases successives, comme on descendrait des prémisses aux conséquences.

Il ne viendra à l'esprit de personne d'affirmer par exemple que lorsqu'on connaît à fond la structure écomique de la cité d'Athènes, de la fin du ve siècle au commencement du ive avant J.-C., on peut ensuite immédiatement comprendre, sans plus, c'est-à-dire sans l'aide de la critique des éléments intellectuels recueillis par la tradition, le contenu idéologique de tous les dialogues de Platon. Ce qu'il faut tout d'abord expliquer c'est en vérité l'individualité de Platon, c'est-à-dire ses aptitudes esthétiques et mentales, son pessimisme, sa *fuite du monde*, son idéalisme et son utopisme. Tout cela est le produit de ces conditions qui, de même qu'elles se sont développées idéologiquement dans Platon, se sont développées également chez tant d'autres de ses contemporains, qui, sans cela, ne l'auraient pas compris, admiré et suivi au point de constituer autour de lui une secte qui a vécu ensuite pendant tant de siècles sous tant de formes différentes. Si on essaye de séparer cette formation idéologique du milieu dans lequel elle est précisément née comme le premier prodrome du christianisme, elle devient incompréhensible, c'est-à-dire à peu près absurde.

A potiori cela est vrai de ces dispositions et de ces inclinations imaginatives ou mentales qui ont fait naître le besoin de tant de croyances, de tant de symboles, de tant de dogmes, de tant de légendes dans la grande communauté qu'a été l'association chrétienne avec ses buts multiples et ses multiples combinaisons. Il est certes plus facile de comprendre les rapports qui relient en général toutes ces idéations à certaines conditions matérielles déterminées de la communauté, que d'expliquer ensuite séparément toutes ces idéations mêmes dans leur contenu particulier. Cette difficulté d'explication adéquate est accrue par ce fait qu'il s'agit d'une époque de terribles catastrophes, de troubles inouïs, de décadence des aptitudes à la science, de temps, en somme, dans lesquels manquent presque toujours le témoignage impartial, la critique, l'opinion publique, et où les esprits les plus puissants, séparés de la vie, sont portés vers l'abstrus, les substilités et le verbalisme.

Ce sont en effet les difficultés à comprendre le comment les idéologies naissent du terrain matériel de la vie qui donnent de la force à l'argumentation de ceux qui n'admettent pas qu'il soit possible de donner une explication génétique complète du christianisme. En général il est vrai que la phénoménologie ou la psychologie religieuse, quelque nom qu'on lui donne, présente de grandes difficultés et contient en elle des points très obscurs.

La façon dont les données empiriques de la nature et de la vie sociale se transforment, à certaines époques déterminées et certaines dispositions ethniques étant données, en passant par le creuset de l'imagination, en personnes, en dieux, en anges, en démons et ensuite en attributs, en émanation, en ornement de ces mêmes personnifications, et enfin en entités abstraites et métaphysiques comme le *logos*, la bonté infinie, la justice suprême, etc., ce ne sont pas là choses qu'il est facile de comprendre entièrement. Dans ce domaine de production psychique dérivée et compliquée, nous sommes très loin de ces conditions très élémentaires dans lesquelles, par l'observation et par l'expérience, il est, par exemple, permis de suivre la naissance et le développement des sensations d'une extrémité à l'autre, c'est-à-dire des appareils périphériques jusqu'aux centres cérébraux dans lesquels l'excitation et les vibrations se changent en *faits de conscience*, c'est-à-dire en *conscience*.

Mais est-ce que cette difficulté psychologique est particulière aux croyances chrétiennes ? N'est-elle pas propre à la formation de toutes les croyances, de toutes les idéations mythiques et religieuses ? Les créations si originales du Boudhisme primitif, ou les créations plus dérivées encore et presque syncrétiques du mahométisme sont-elles plus claires ? Et si nous remontons au-delà de ces systèmes des grandes religions, les manières d'être de l'imagination sont-elles plus claires et plus évidentes à première vue dans la création des mythes très élémentaires de nos premiers pères aryens ? Est-il donc facile de se rendre compte par le menu de toutes les transitions par où est passée l'imagination de tant de générations, à travers tant de siècles, pour que le *pramantha*, c'est-à-dire le bâton qui produit une étincelle par frottement sur un autre morceau de bois, se transforme petit à petit jusqu'à devenir le héros Prométhée ? Et cependant c'est là le mythe le plus connu de la mythologie indo-européenne, celui sur lequel nous avons le plus de renseignements pour ses différentes phases embryogénétiques, depuis les plus anciens hymnes védiques en l'honneur du dieu Agni (le feu) jusqu'à la création éthico-religieuse de la tragédie eschylienne.

C'est que ces productions psychiques des hommes des siècles passés présentent à notre esprit des difficultés toutes spéciales. Nous ne pouvons pas facilement reproduire en nous les conditions nécessaires pour nous rapprocher de l'état d'esprit intérieur qui correspondait à ces produits. Il faut une longue habitude pour acquérir cette aptitude qui est propre au glottologue, au philologue, au critique, à ceux qui étudient la préhistoire, c'est-à-dire à ceux qui, par un long exercice et par des tentatives souvent réitérées, se font comme une conscience artificielle, en conformité et en harmonie avec l'objet à expliquer.

Mais le christianisme (et j'entends par là la croyance, la doctrine, le mythe, le symbole, la légende, et non plus la simple association dans son *oikonomika*) présente relativement moins de difficultés parce qu'il est plus près de nous. Il nous enveloppe de toutes parts, et nous devons continuellement en considérer les conséquences et les dérivations dans les littératures et dans les différentes philosophies qui nous sont familières. Nous pouvons aujourd'hui encore observer comment les multitudes combinent, grossièrement, les superstitions ataviques aussi bien que les superstitions récentes avec une acceptation moyenne ou à peine approximative du principe le plus général, qui unifie toutes les confessions : — le principe de la chute et de la rédemption. Nous pouvons voir l'association chrétienne à l'œuvre dans ce qu'elle fait et dans les luttes qu'elle soutient ; et nous sommes en mesure de nous représenter le passé, en opérant des combinaisons analogues, ce qu'il nous est difficile de faire pour l'interprétation de croyances très éloignées de nous. Nous assistons encore à la création de nouveaux dogmes, de nouveaux saints, de nouveaux miracles, de nouveaux pélerinages, et en songeant au passé nous pouvons presque dire *tout comme chez nous* ! Je veux dire par là que nous disposons d'un capital d'observations et d'expériences psychologiques qui nous permet de revivre dans le passé avec moins d'efforts qu'il n'en faut lorsque nous sommes forcés de nous contenter de la seule analyse des documents des conditions les plus primitives. Depuis quand a-t-on commencé à comprendre quelque chose de précis sur l'origine de la langue, si ce n'est depuis que l'on a compris que nous n'avons pas d'autre terrain d'expérience si ce n'est la façon dont les enfants apprennent aujourd'hui encore à parler ?

Le problème des origines du christianisme est obscurci chez beaucoup par un autre préjugé ; on croit qu'il s'agit là d'une première formation et presque d'une création *ex nihilo*. Ceux-ci ne voient pas que ceux qui devinrent chrétiens arrivèrent là en partant d'autres religions ; et puis, le problème de l'origine se réduit avant tout prosaïquement à retracer la façon dont les éléments préexistants ont pris une forme nouvelle dans le sein de l'association, et en quoi consiste le noyau véritablement et proprement nouveau de la néoformation. Il s'agit là de temps historiques. De ces religions, nous connaissons principalement la forme du judaïsme postérieur, qui consistait, dans une partie de la masse du peuple en un messianisme exalté et, dans la classe des savants, en une casuistique très subtile. Nous connaissons à peu près les cultes, les superstitions, les croyances des différents paganismes de l'empire, les tendances religieuses d'une bonne partie des philosophes de cette époque, qui étaient presque tous des décadents, de même que nous connaissons les inclinations des multitudes d'alors, plus que jamais portées à accepter de nouvelles fois, de nouvelles promesses, et la *bonne nouvelle*.

Il s'agit donc non pas d'une création, mais d'une transformation — et nous sommes ainsi sur un terrain qui est commun à toutes les autres histoires. Par exemple (— puisque je parle d'une façon sommaire et seulement incidemment —) : comment Jésus est-il devenu le Messie des Hébreux (forme primitive ébionite), comment le Messie des Hébreux est-il devenu le rédempteur du péché pour tous les hommes (Paul), et enfin comment s'est-il combiné avec le *logos* du néoplatonisme de Philon (quatrième évangile)? C'est là le schème du processus idéologique. Et d'autre part : comment l'association primitive communiste (communisme, soit dit en passant, de la consommation) de ceux qui attendaient la fin prochaine de ce monde du péché et la catastrophe universelle (l'*Apocalypse*) est-elle devenue une association (église) dont, — l'attente du millénium ayant été renvoyée à une époque indéfinie (seconde lettre de Pierre), — l'organisation grandit, dont l'économie se développe, et qui se charge progressivement de nouvelles attributions et de nouveaux rôles ? C'est dans ce processus qui va de la secte à l'Eglise, de l'attente naïve à la formule doctrinale compliquée, qu'est tout le problème des origines. Le développement de l'association entraînait son adaptation aux différentes formes des droits alors existants, et la diffusion du platonisme décadent venait en aide au besoin de la doctrine. Certainement nous ne pouvons pas mettre directement sous nos yeux et soumettre à notre observation toutes ces productions dans une narration chronologique intuitive. Nous n'assisterons pas à la conversation de Philippe, de Mathieu, de Pierre, de Jacques et de leurs successeurs immédiats, etc., de la même manière que nous écoutons parler Camille Desmoulins à 3 heures de l'après-midi, le dimanche 12 juillet 1789, dans un café du Palais-Royal. Nous ne suivrons pas la naissance et la fixation des dogmes comme s'il s'agissait de la réunion des articles de l'Encyclopédie. Nous sommes à une époque d'impressions confuses et de fermentations que l'on n'a plus vues depuis. De grandes épidémies morales envahissent les âmes. Les rapports les plus élémentaires de la vie entrent dans une période de crise aiguë. Au-dessous de cette civilisation du monde méditerranéen qui unifiait le pouvoir politico-administratif de l'empire et ce qu'il y avait de plus utile et de plus raffiné dans l'Hellénisme, il y avait une végétation infinie de barbaries locales et de décadences putrides. Il suffit de se rappeler que le christianisme s'est arrêté, en fait et de nom, comme une chose en soi, dans Antioche, cette sentine de tous les vices, et que Paul adressait aux Galates, c'est-à-dire à des Juifs dispersés dans un pays de véritables barbares, ses subtiles méditations qui nous le montrent assez peu différent de ces Juifs qui ont plus tard composé le Talmud. Le christianisme s'est répandu parmi les humbles, les rejetés, les plèbes, les esclaves, les désespérés de ces grandes villes, dont la vie ténébreuse nous est presque inconnue, malgré les satires de Pétrone et de Juvénal, les contes de Lucien et les récits macabres d'Apulée. Que savons-nous d'un peu précis sur la condition de ces Hébreux de la ville de Rome, parmi lesquels se répandit tout d'abord en Occident la nouvelle superstition, selon l'expression de Tacite ; cette superstition qui, dans le cours des siècles, est devenue le plus puissant organisme social que connaisse l'histoire? Il ne nous est pas possible de faire de ces premières origines un récit intuitif, et nous sommes forcés de les reconstruire par conjecture. C'est là la raison principale de l'interminable littérature qui s'y rapporte, notamment grâce aux savants allemands qui, même lorsqu'ils ne sont nullement croyants, ont l'habitude d'appeler *théologie* cette littérature critique et érudite.

L'obscurité relative de ces premières origines a fait naître dans beaucoup d'esprits la croyance étrange en un christianisme *vrai*, qui aurait été essentiellement différent de ce qui a été appelé chrétien dans la suite. Ce christianisme vrai, originaire, qui est d'ailleurs si plein d'obscurités que chacun peut le comprendre à sa façon, fait souvent les frais de la polémique de ces rationalistes qui, après avoir couvert en principe d'invectives cette Eglise, que nous connaissons par l'histoire et par notre expérience, en appellent à grand renfort d'argumentation de rhétorique à l'Eglise idéale qu'aurait été la primitive communion des saints. C'est là un mythe historique, comme la Sparte des rhéteurs d'Athènes, comme la Rome ancienne des Gibelins décadents du XIVe siècle, comme toutes les créations fantasmagoriques d'un passé paradisiaque, ou d'un avenir encore éloigné. Ce mythe historique a revêtu des formes diverses. Les sectaires qui se sont révoltés contre la catholicité, encore à ses débuts ou déjà depuis longtemps triomphante, ces sectaires, dis-je, des Montanistes aux Anabaptistes, qui, dans un esprit de véritable égalité démocratique, se sont, dans des circonstances historiques déterminées, soulevés contre l'Eglise terrestre et orthodoxement hiérarchique, eurent besoin de se construire un christianisme vrai, c'est-à-dire la simple vie protoévangélique, tandis qu'ils appelaient décadence, aberration, œuvre de Satan, tout ce qui était arrivé depuis. C'est à ce christianisme vrai, très vrai, qu'en ont appelé très souvent les communistes naïfs qui avaient besoin, à défaut de toute autre idée exacte sur la manière d'être de cet injuste monde des misérables inégalités, de faire de leurs propres aspirations une image, et celle-ci pouvait trouver, comme dans tant d'autres souvenirs véritables ou fictifs, ses sujets et son *coloris* dans la poésie évangélique. C'est ce qui est arrivé jusqu'à Weitling, qui, lui aussi, a écrit un : *Evangile du pauvre pêcheur*. Et pourquoi ne devrais-je pas rappeler les Saint-Simoniens qui, imaginant un christianisme plus vrai, encore dans l'avenir, ont projeté en lui toutes les aspirations de leur imagination surchauffée ?

Pour toutes ces raisons, et pour d'autres encore, demeure comme suspendue dans le vide, chez beaucoup d'esprits, l'image fantaisiste d'un christianisme ultra parfait, qui serait différent — et même pour quelques-uns absolument différent — de tout ce que l'histoire courante connaît et donne pour le christianisme, de la lapidation de Saint Etienne à la Sainte Inquisition, qui envoya dans l'autre monde tant de milliers d'infidèles; depuis le pêcheur aux pieds nus, Pierre, qui, par ses dénégations craintives, joue au rusé Sancho Pança, jusqu'au Pape Pie IX, qui trouve dans l'infaillibilité une compensation au pouvoir temporel qu'il était en train de perdre ; depuis les agapes ébionites, c'est-à-dire des pauvres visités par le

Paraclète, aux jésuites qui arment des flottes et font des entreprises commerciales, précurseurs audacieux de la politique coloniale, de l'époque bourgeoise; depuis le Rabi de Nazareth, qui a dit que son royaume n'était pas de ce monde, jusqu'aux évêques et aux autres prélats qui ont occupé en son nom, pendant des siècles, comme propriétaires et comme souverains, le tiers ou le quart des terres, selon les pays, y compris dans certains le *jus primæ noctis*. On comprend facilement que celui qui croit, pour une raison ou pour une autre, ou même par simple hypocrisie littéraire, à ce christianisme très vrai, est fort embarrassé pour expliquer comment est né ensuite ce christianisme moins vrai, ou absolument faussé, que nous connaissons tous. Et l'on comprend aussi comment cette vérité très vraie devient un miracle, sinon de la révélation, du moins de l'idéologie humaine — et nous, de notre côté, nous ne sommes pas obligés de donner l'explication de ce miracle, ni au nom du matérialisme, ni au nom de n'importe quelle autre doctrine scientifique, pour cette même raison qui ne fait pas à la mécanique rationnelle un devoir d'expliquer le vol d'Icare, ou celui de l'hippogriffe de l'Arioste.

Il faut, cependant, ne pas oublier que ce christianisme vrai, que l'on a si souvent opposé idéalement au christianisme très positif et réalistiquement humain qui s'est développé dans des conditions accessibles à notre intelligence ordinaire, a exercé lui aussi sa fonction historique, et nous sert maintenant comme d'une clef pour pénétrer plus avant dans l'état d'âme et dans les rapports sociaux des premiers chrétiens. Ce christianisme vrai a servi de symbole aux diverses rébellions des prolétaires, des plèbes, du menu peuple, des opprimés, des serfs, des esclaves, des exploités, jusqu'au xvie siècle.

J'ai eu l'occasion, comme je l'ai écrit déjà dans une autre lettre, de m'occuper cette année d'une façon circonstanciée, dans mon cours à l'Université, précisément de Fra Dolcino, qui marque le point culminant du mouvement de la secte des Apostoliques, en même temps que son insuccès en marque le déclin. Après avoir exposé les conditions générales du développement économique et politique de l'Italie septentrionale et de l'Italie moyenne, et les conditions plus particulières du milieu (c'est-à-dire les classes sociales) dans lequel la secte des Apostoliques est née et a grandi, il me fallut à un certain moment expliquer la doctrine par laquelle et avec laquelle Dolcino a su maintenir entre tous ses disciples la ténacité et le courage nécessaires pour combattre jusqu'à la fin comme des héros, des martyrs et des précurseurs d'un nouvel ordre de choses dans la vie de l'humanité. Cette doctrine est, elle aussi, un de ces si nombreux retours apocalyptiques au christianisme purement évangélique, c'est-à-dire qu'elle est la négation de tout ce que la hiérarchie a établi et fait depuis le pape Sylvestre (le pape de la légende tout au moins), négation renforcée par l'ardeur apostolique que le sentiment de la lutte transforme en devoir de lutter. Il est naturel que l'explication première de ces *idées*, comme diraient les littérateurs, doit être cherchée dans les mouvements analogues des rébellions antihiérarchiques de l'époque. D'un côté il faut remonter aux Albigeois, et d'un autre côté à ces mouvements des plèbes confus et si différents, qu'on désigne du nom commun de patarie ; et il faut aussi se rendre compte de toute cette agitation mystique et ascétique, qui essaie à plusieurs reprises de secouer la domination papale, depuis le communisme idéologique de Joachim di Fiore jusqu'aux résistances actives des *Fraticelli*.

En s'arrêtant un peu dans cette recherche, il n'est pas difficile de retrouver, derrière les voiles mystiques de l'ascétisme et l'exaltation pour le christianisme vrai, les conditions matérielles et les mobiles matériels qui ont fait se grouper autour de quelques symboles de révolte les infimes entre les moines, les paysans de ces pays dans lesquels la féodalité est encore vivace, les paysans de ces autres terres qui, débarrassés des liens féodaux, ont été violemment prolétarisés par la formation rapide des communes libres, et les très petites gens des communes elles-mêmes, si impitoyablement corporatives, et enfin, comme toujours, les idéalistes, qui font leur la cause des malheureux :

tous les éléments d'une révolution sociale. De cette explication prochaine on remonte à une explication plus générale, à une explication typique. Le mouvement de Dolcino est un des moments de la grande chaîne des soulèvements des plèbes chrétiennes qui, avec des succès et des complications variées, se sont révoltées contre la hiérarchie, et qui, dans les moments les plus aigus, ont été portées à cette conséquence inévitable : l'attente du communisme. L'exemple classique, la forme célèbre par suite des circonstances du temps et de l'étendue et de la durée du mouvement, est certainement le soulèvement des Anabaptistes ; mais la révolte de Dolcino a elle aussi son importance, notamment à cause des conditions économiques déjà presque modernes dans lesquelles se trouvait la vallée du Pô au commencement du XIVe siècle.

Or, l'instinct de l'affinité portait les esprits des représentants et des condottieri des plèbes en révolte à se tourner vers le souvenir confus, ou vers la reproduction fantastique approximative de ce christianisme primitif qui se composait tout entier de menu peuple, d'affligés et de malheureux qui attendaient la rédemption des misères de ce monde criminel. Le christianisme vrai, vers lequel, par cette sympathie qui vient de la similitude des conditions, ces rebelles exaltés se tournaient avec une foi et une imagination si ardentes, a été une réalité, non pas dans le sens d'un état idéal et typique, dont la faiblesse humaine a dévié par aberration et par malice, mais comme un fait pauvrement empirique. Le christianisme primitif, *mutatis mutandis*, a été dans son type, dans son ensemble, dans sa physionomie et dans ses causes beaucoup plus près de ce que voulaient rétablir Montano, Dolcino ou Thomas Münzer dans des temps qui n'y étaient pas adaptés, qu'à tous les dogmes, les liturgies, les degrés hiérarchiques, souverainetés et domaines, luttes politiques, suprématies, inquisitions et autres semblables misères, dont est faite l'histoire humainement terrestre de l'Eglise. Dans les tentatives de ces rebelles on revoit, comme s'ils avaient voulu mettre sous nos yeux une expérience du passé, ce qu'a dû être, à peu près, la forme primitive du christianisme en tant que secte de véritables saints, c'est-à-dire de gens absolument égaux, sans distinction entre clergé et laïques, tous également visités par l'esprit divin, sans-culottes et dévots en même temps, tous d'un même type.

Le problème le plus grave et le plus difficile dans toute l'histoire du christianisme consiste à comprendre comment, de cette secte d'individus absolument égaux, est née, en moins de deux siècles, une association avec une différenciation hiérarchique telle que l'on a d'un côté le peuple des croyants et de l'autre ceux qui sont investis d'un pouvoir sacré. Cette différenciation hiérarchique est complétée par le dogme, c'est-à-dire par une conception fixée, qui supprime chez les fidèles la spontanéité de la croyance en autant de vocations personnelles. La hiérarchie veut dire sacerdoce, administration des choses et gouvernement des personnes. De là naît la possibilité d'une politique, et c'est à la poursuite de cette politique que tend l'histoire de l'Eglise au IIIe siècle. L'union de l'empire et l'Eglise au IVe siècle n'est pas autre chose que le résultat de la pénétration réciproque de deux politiques, qui fait que la religion et le maniement des affaires finissent par se confondre. Dans ce passage de l'association libre à l'organisation à demi-étatique, qui a permis à l'Eglise de toujours exercer depuis une action politique d'accord avec l'Etat, ou contre l'Etat, ou en devenant elle-même un Etat, se manifeste un fait commun à toutes les associations : dès qu'il y a des *choses* à administrer et des fonctions à remplir, il se constitue nécessairement un gouvernement. L'Eglise reproduit en elle-même les contrastes propres à tout état, c'est-à-dire les oppositions de riches et de pauvres, de protecteurs et de protégés, de patrons et de clients, de propriétaires et d'exploités, de princes et de sujets, de souverains et de vassaux. Elle a eu par conséquent dans son propre sein des luttes de classe particulières, par exemple du patriciat hiérarchique et de la plèbe cénobitique, du haut et du bas clergé, de la catholicité et de la secte. Les sectes ont été en grande partie inspirées, jusqu'au XVIe siècle, par l'idée du retour au christianisme primitif, et c'est pour cela qu'elles ont souvent coloré leurs desseins, nés des conditions du moment présent, d'une inspiration idéologique qui est presque de l'utopie. L'Eglise qui a triomphé, est au contraire uniquement celle qui, suivant les modes d'action qui sont propres à l'état laïque, est devenue non pas une société d'égaux dans l'esprit saint, mais une association hiérarchique d'inégaux, exerçant des droits formels, disposant des moyens de s'imposer et de commander, jouissant d'une souveraineté entière, ou d'une partie de souveraineté cédée par d'autres souverains, et du gouvernement des âmes qui, comme tout autre gouvernement spirituel, se consolide surtout grâce à la domination sur les choses sans lesquelles les âmes ne peuvent point exister. Ces attributs humains, qui, étant donné l'inégalité économique des hommes, rapprochent l'association religieuse de toutes les autres sortes de gouvernement des choses de ce monde, montrent d'un côté comment l'association des saints n'a jamais pu avoir qu'une forme d'existence utopique, et, d'un autre côté, ils nous expliquent la tendance constante à l'intolérance et à la catholicité dans ses formes variées, en tant que cette association a fait de cette terre son royaume, donnant ainsi un démenti au naïf martyr de Nazareth relégué mélancoliquement sur les autels.

Pour m'en tenir à l'exemple qui m'est plus familier par mes études récentes, la papauté superimpériale s'est écroulée avec Boniface VIII, selon la prophétie de Dolcino, qui lui survécut trois ans, mais elle n'a pas disparu pour faire place à l'Apocalypse. La papauté se vit infliger l'humiliation d'un exil à Avignon, mais ce ne fut pas pour établir un nouvel empire des César, selon l'utopie de l'Alighieri. On voyait déjà apparaître les prodromes de l'ère moderne, c'est-à-dire les signes avant-coureurs du règne de la bourgeoisie. Philippe-le-Bel, qui de loin s'approche du principat civil, dans lequel deux siècles plus tard la bourgeoisie parcourut la première étape de sa domination politique sur la société, envoyait au dernier supplice les Templiers, comme pour montrer que l'époque des croisades finissait par l'œuvre des chrétiens eux-mêmes. Et pour que le mot de la situation se trouvât même dans l'anecdote, qui toujours dénonce et démasque les moments stridents de l'ironie de l'histoire, le commissaire du sire de France qui prépara l'humiliation d'Anagni ne fut pas un capitaine de bande féodale, mais un légiste qui se procura l'argent nécessaire à cette besogne contre une lettre de change tirée sur un banquier de Florence.

Ce furent ces légistes, et ces princes usurpateurs de droits historiques, et ces banquiers qui accumulaient l'argent qui se transforma plus tard en capital, qui commencèrent la société moderne, dont la structure prosaïque montre si clairement ses buts et ses moyens. Comme sur les autres ruines de la société corporative et féodale, aussi sur les ruines du patrimoine ecclésiastique s'est assise cette cruelle bourgeoisie, qui, jetant un défi aux puissances mystérieuses, a inauguré l'ère de la pensée libre et de la libre recherche. Et elle attend qu'on la détrône : mais ce ne sera certainement, ni le christianisme vrai, ni le christianisme très vrai.

Les hommes de l'avenir, dont nous nous préoccupons souvent par trop, produiront-ils encore ou ne produiront-ils plus de la religion? Quant à moi, je l'ignore, et je leur laisse le souci de leur vie, qui sera, je l'espère du moins, difficile encore, pour qu'ils ne deviennent pas des imbéciles dans la béatitude paradisiaque. Ce que je vois clairement c'est uniquement ceci : que le christianisme, qui est, en substance, la religion des peuples jusqu'ici les plus civilisés, ne laissera place après lui à aucune autre nouvelle religion. Ceux qui désormais ne seront pas chrétiens, seront irréligieux. De plus, en second lieu, je remarque que les socialistes ont fort bien fait d'écrire dans leurs programmes que la religion est chose privée. J'espère que personne ne verra dans ces paroles une vue théorique, sur laquelle on pourra broder une philosophie de la religion. Cette formule uniquement pratique veut simplement dire qu'actuellement les socialistes ont trop de choses à faire, plus utiles et plus sérieuses, pour se confondre avec ces Hébertistes, ces Blanquistes, et ces Bakounistes, etc., qui décrétaient l'abolition du divin, et qui décapitaient Dieu en effigie. Les matérialistes de l'histoire pensent cependant, quant à eux et en dehors de toute appréciation subjective, que les hommes de l'avenir renonceront très probablement à toute explication transcendante des problèmes pratiques de la vie de tous les jours, parce que : *Primus in orbe deos fecit timor!* La formule est ancienne, mais sa valeur est éternelle.

X

Resina (Naples), 15 septembre 1897.

En relisant, en revoyant, en retouchant — puisque j'ai décidé de les donner à l'impression — les lettres que je vous ai écrites d'avril à juillet dernier, il m'a semblé qu'elles forment comme une série, et que dans leur ensemble elles disent quelque chose. Certes, les idées simplement énoncées, les formules à peine développées, les observations le plus souvent incidentes, et les critiques parfois étranges disséminées de ci de là, — tout ce qu'en somme j'ai été amené à dire dans cette forme propre à qui écrit *currenti calamo*, — prendraient une toute autre forme, seraient disposées tout autrement, auraient à subir une nouvelle élaboration approfondie, si je me proposais de composer un livre digne d'un titre sonore, comme par exemple : *Le Socialisme et la Science*, ou *Le Matérialisme historique et l'Intuition du monde*. Mais comme, dans cette conversation à distance, j'ait fait usage dans une large mesure des libertés qui sont propres à la faculté discursive, maintenant que je me suis résolu à recueillir ces lettres fugitives sous la forme d'un petit volume, je ne donnerai à celui-ci que le titre modeste et approprié de : *Socialisme et Philosophie, Lettres à G. Sorel* (1).

Je dois aux conseils pressants de mon ami Benedetto Croce de commettre ce nouveau péché de littérature minuscule. Depuis qu'il a lu ces lettres il ne m'a plus laissé de repos, et il a voulu que je lui promette de les rendre publiques sous la forme d'un opuscule. Si je l'écoutais, je deviendrais dans mon âge mûr un producteur continuel et perpétuel de papier imprimé : tandis que j'ai toujours aimé autrefois laisser dormir dans mes tiroirs les nombreux tas de papier noirci qu'il m'est arrivé d'accumuler, d'années en années. en ma qualité de professeur et parce que j'ai un goût immodéré pour la conversation épistolaire. Dans ce cas spécial, M. Croce me disait qu'il était de mon devoir, maintenant que le socialisme se développe en Italie, de concourir à la vie du parti, qui grandit et se fortifie, selon les moyens et les façons qui répondent le mieux à mes aptitudes. C'est ce que je ferai ; — mais il reste encore à savoir, si les socialistes éprouvent véritablement le besoin et le désir de cette aide et de ce concours.

En vérité, je n'ai jamais eu une très grande inclination à écrire pour le public, et je ne me suis

(1) La traduction littérale du titre italien serait : *en causant de socialisme et de philosophie* (Note de l'édit. franç.).

jamais soucié de l'art d'écrire ; si bien, que j'ai écrit d'ordinaire au courant de la plume. J'ai toujours aimé et j'aime, au contraire, avec passion l'enseignement oral, sous toutes ses formes ; et la préoccupation intense de ce genre d'activité m'a détourné pendant de longues années, autrefois, du désir de redire par écrit (— et qui pourrait véritablement le redire de vive voix ? —) ce qui, dans l'enseignement, jaillit spontanément sous une forme simple, suggestive, adaptée au sujet.

En devenant, plus tard, socialiste, dans cette renaissance intellectuelle, je suis devenu plus désireux de communiquer avec le public au moyen de brochures, de lettres de circonstance, d'adresses et de conférences, qui se sont, avec les années, multipliées comme à mon insu. Ne sont-ce pas là les devoirs et les charges du métier ? Et c'est alors qu'il y a deux ans, survint au bon moment mon excellent ami Croce, qui me conseilla de publier des essais sur le socialisme scientifique pour donner à mon activité de socialiste un objectif plus solide. Et comme une chose en entraîne une autre, ces lettres elles-mêmes peuvent passer pour un essai subsidiaire et complémentaire sur le matérialisme historique.

Evidemment, cher monsieur, ce petit discours ne vous concerne point, c'est à moi qu'il s'adresse; je cherche des excuses à la publication de ce nouveau livre. Probablement si ces lettres sont lues, en dehors de vous, par d'autres en France, ils diront que je ne les ai pas davantage amenés au matérialisme historique, et peut-être accepteront-ils avec raison les observations de quelques-uns des critiques de mes essais, c'est-à-dire que les traductions d'ouvrages étrangers ne suffisent pas pour changer les humeurs intellectuelles d'une nation (1).

Et cependant en écrivant cela comme pour servir d'épilogue à ces lettres, je crains encore qu'il ne me vienne le désir de continuer. Les lettres ne peuvent-elles pas se multiplier indéfiniment comme les fables et les contes? Heureusement je m'étais proposé dès le commencement de répondre, *grosso modo*, aux questions que vous posez dans votre *Préface* en effleurant des sujets

(1) Dans ce petit volume, je n'ai voulu que répondre aux questions que M. Sorel avait fait se poser à mon esprit. Le lecteur ne trouvera donc pas dans ces lettres de réponse directe ou indirecte, explicite ou cachée, aux *critiques* que l'on a faites de mes *Essais*. J'ai tiré grand profit de certaines d'entre elles. En laissant de côté les simples comptes-rendus et en négligeant les polémiques incidentes et les impertinences de quelques écrivains grossiers, je remercie vivement de leurs critiques MM. Andler, Durkheim, Gide, Seignobos, Xenopol, Bourdeau, Pareto, Croce, Gentile, Petrone et les rédacteurs de l'*Année sociologique* et du *Novoie Slovo*. Toute l'attention éveillée n'est point due au livre lui-même, mais à la nouveauté et à l'importance du sujet. Je ne puis me dispenser de remarquer, que l'on m'a fait des reproches diamétralement opposés : vous êtes trop marxiste ; vous n'êtes plus tout à fait marxiste ! Je reviendrai sur tout cela dans un autre travail (Note de l'édition française).

d'une extrême difficulté, de sorte qu'une raison de finir m'est donnée par les termes mêmes de vos questions auxquelles je me suis successivement référé. Si je m'abandonnais à la verve de la conversation, qui sait jusqu'où j'irais ! — ces lettres deviendraient toute une littérature. Vous ne m'en sauriez aucun gré, si cela pourrait réjouir mon ami Croce, qui voudrait mettre en tout le monde son instinct de prolification littéraire. Il fait un curieux contraste avec les douces habitudes de cette douce Naples, dans laquelle les hommes — comme les Lotophages qui méprisaient tout autre nourriture — vivent le moment présent et il semble que, en présence de la statue de J.-B. Vico, ils font joyeusement la nique à la *Philosophie de l'histoire*.

Mais, tout en voulant finir une bonne fois, il me faut cependant jeter sur le papier quelques courtes notes encore.

Il me semble, tout d'abord, que, non pas par curiosité personnelle, mais pour ainsi dire en vous mettant intentionnellement dans l'esprit du commun des lecteurs, vous demandez : est-il vraiment possible de faire comprendre, aisément et sans détours, en quoi consiste cette *dialectique*, que l'on invoque si souvent comme éclaircissement de ce que contient au fond le matérialisme historique ? Et vous pourriez, je crois, ajouter que le concept de la dialectique est inintelligible aux empiristes purs, aux survivants des métaphysiciens, et à ces évolutionnistes vulgaires qui s'abandonnent si volontiers à l'impression générique de ce qui est et s'en va, apparaît et disparaît, naît et meurt, et n'expriment pas dans le mot évolution l'acte de comprendre, mais l'incompréhensible : tandis qu'au contraire, dans la conception dialectique on se propose de formuler un rythme de la pensée, qui exprime le rythme le plus général de la réalité qui devient.

Si je voulais recommencer — mais la longueur de ces lettres me le défend — avant de répondre à une question aussi difficile, je recourrais par la pensée au souvenir du poète grec qui, à la question du tyran de Syracuse : que sont les dieux ? — demanda d'abord un jour, puis un autre, puis un troisième avant de répondre, et cela indéfiniment. Et cependant, en vérité, les dieux doivent être plus familiers aux poètes, qui les créent, les inventent, les chantent et les célèbrent, que ne peut l'être à moi la dialectique, si quelqu'un me mettait au pied du mur avec l'obligation de répondre à une question impérieuse ! Et je prendrai mon temps — ce qui n'est pas étranger à la façon dialectique de penser — en disant (et c'est là une réponse implicite) : — nous ne pouvons nous rendre compte de la pensée d'une manière adéquate, qu'en pensant en acte ; — aux manières de procéder de la pensée il faut s'habituer par des efforts successifs ; — et il est toujours très dangereux de sauter à pieds joints de l'usage concret d'une manière de penser à sa définition générique formelle. Si on me poussait davantage, pour ne pas accabler l'interrogateur sous des études très longues, ardues et compliquées, je le renverrais à l'*Antidühring*, et notamment au chapitre intitulé : *négation de la négation* (1).

Dans ce chapitre, et dans tout ce livre, on voit comment Engels s'était non seulement appliqué de toute son âme à expliquer ce qu'il expose, mais était préoccupé davantage encore du mauvais usage qu'on peut faire des procédés mentaux, quand celui qui s'y applique, est bien moins porté à penser quelque chose de concret où la forme de la pensée se montre active et vivante, qu'à tomber dans les schématismes *a priori*, c'est-à-dire dans le scolasticisme, qui n'a pas été — soit dit en passant aux ignorants — la caractéristique exclusive des docteurs du Moyen âge, comme si ce n'était là qu'une affaire de prêtres. On peut faire du scolasticisme sur toute doctrine. Le premier scolastique a été Aristote en personne, qui a été tant d'autres choses encore, et qui a été surtout un génie de la science. Du scolasticisme on en fait déjà au nom de Marx. En effet, la plus grande difficulté de comprendre et

(1) Une partie de ce chapitre est reproduite en appendice.

de continuer le matérialisme historique n'est pas dans l'intelligence des aspects formels du Marxisme, mais dans la possession des choses dans lesquelles ces formes sont immanentes, des choses que Marx pour son compte sut et élabora, et de toutes ces autres très nombreuses choses qu'il nous faut connaître et élaborer nous-mêmes directement.

Dans les nombreuses années que j'ai passées à enseigner, j'ai toujours été convaincu du grand mal qu'on fait à l'intelligence des jeunes gens, quand, au lieu de les plonger, avec opportunité et avec art, dans une province déterminée de la réalité pour qu'en observant, en comparant, et en expérimentant, ils arrivent petit à petit aux formules, aux schémas, aux définitions, on commence par faire immédiatement emploi de ces derniers, comme s'ils étaient les prototypes des choses existantes. En un mot, la définition d'où l'on part est vide, tandis qu'est pleine seulement celle à laquelle on arrive d'une manière génétique. C'est en enseignant qu'on voit combien la définition est chose périlleuse, d'après le sens courant que d'ordinaire on donne à un aphorisme du droit romain, qui dit, en réalité, tout autre chose. La didactique n'est pas une activité qui produit un simple effet sans puissance, tel un simple produit passif, mais c'est une activité qui engendre une autre activité. En enseignant nous nous apercevons combien le premier noyau de toute philosophie est toujours le *socratisme*, c'est-à-dire la virtuosité génératrice de concepts (1),

(1) Je voudrais renvoyer ici à mon livre sur la *Dottrina di Socrate*, Napoli, 1871, et notamment aux pages 56-72, où je parle de la *méthode*. Je désire citer ici quelques passages qui permettent de comprendre le *moment socratique* de toute forme du savoir.

« L'état primitif de la conscience humaine, bien qu'il corresponde à l'époque de la première formation de la société, se continue et se perpétue même dans les périodes postérieures de l'histoire, parce qu'il acquiert un certain caractère substantiel dans les coutumes, et qu'il fixe son expression dans les mythes et dans la poésie primitive. La naissance successive et le lent développement de la réflexion... ne réussissent pas à exclure d'un trait les diverses manifestations de la conscience primitive et irréfléchie, et la transformation des éléments anciens en concepts consciemment appris et pensés ne se fait qu'à la suite d'un long processus et d'une lutte constante, incessante et séculaire. Ce processus de transformation ne se fait pas seulement grâce à ces motifs intrinsèques de critique et d'examen que l'on peut appeler théoriques : mais il émerge nécessairement des *collisions pratiques entre la volonté de l'individu et l'opinion traditionnelle exprimée dans la coutume*, et plus tard il prend le caractère *d'une lutte sociale entre les classes et entre les individus*. Dans l'histoire de cette lutte, l'élément de la vie primitive qui offre le plus matière à contraste... c'est la langue... qui conserve aux époques postérieures l'apparence d'une norme à laquelle tous les individus doivent nécessairement et inévitablement s'adapter. Mais quand les hommes ont cessé de se trouver instinctivement d'accord sur ce qu'on doit appeler le juste, le vertueux, l'honnête, etc... et qu'ils ont perdu la foi dans les types abstraits du mythe et de la légende, dans lesquels l'imagination primitive avait exprimé et hypostasié les appréciations communes... naît... dans l'individu le besoin de se refaire cette certitude qu'il avait d'abord dans l'acquiescement à un critère commun et

En renvoyant à l'*Antidühring* et particulièrement à ce chapitre, je ne veux point, par là, renvoyer à un catéchisme, mais seulement à un exemple d'habileté didactique. Les armes et les instru-

naturel, et on dit *ti esti* (quel est-il) ? C'est dans cette demande que repose l'intérêt logique de Socrate ». (pag. 59). « L'unité extrinsèque du mot qui, dans sa valeur phonétique constante, conserve une certaine apparence d'uniformité, ne fait qu'accroître la confusion et l'incertitude ; parce que, tandis que tout d'abord nous sommes pleins de cette illusion que les mêmes mots expriment les mêmes représentations, à la longue la conviction que nous acquérons de la profonde diversité qu'il y a entre nos concepts et ceux d'autrui devient plus évidente que cette illusion et finit par la chasser complètement » (pag. 62). — « La question *ti esti* (quel est-il) ? circonscrit toute la recherche sur la valeur d'un concept à la déterminabilité évidente de ce que l'on pense en lui. Le contenu qui, à première vue, semble exprimé dans la simple dénomination, il faut qu'il soit posé, dans son intérieur et dans son identité ; et ce processus ne peut se faire de dessus au dessous, ou, comme nous dirions, déductivement, parce qu'il manque encore la conscience d'une valeur logique inconditionnée et absolue » (pag. 63). — « Le point de départ, c'est-à-dire le nom, qui était d'abord dans son unité simplement phonétique le centre de la recherche, devient en dernier lieu le terme extrême de la pensée, auquel on aboutit en faisant consciemment du nom même l'expression d'un contenu pleinement pensé, et les images concrètes, qui d'abord se groupaient incertaines autour de la dénomination vague, ne pouvant résister à la nouvelle synthèse, doivent se désorganiser et prendre une nouvelle position : et c'est le nouvel élément seul, obtenu grâce à la recherche, c'est-à dire le contenu constant de la représentation, recueilli petit à petit par induction, qui peut déterminer la coordination et la subordination dans laquelle les images doivent coexister » (pag. 66-67).

ments ne sont tels que mis en œuvre, et non pas quand on les regarde dans les vitrines d'un musée.

De plus, si je ne devais finir une bonne fois, je voudrais m'arrêter pour illustrer ce que vous dites de l'Italie, qui doit recevoir, selon vous, comme berceau commun de la civilisation, l'hommage de tous. Il peut sembler que ces mots sont une dissonnance au moment où vous parlez du socialisme, qui doit vraiment peu de chose à l'Italie. Mais, s'il est vrai que le socialisme est le fruit de la civilisation adulte, les hommes mûrs des autres pays auront raison de tourner, de temps en temps, les yeux vers ce berceau. En repensant à l'Italie qui a fait pendant des siècles la plus grande partie de l'histoire universelle, tous auront toujours quelque chose à y apprendre ; et puis ensuite ils s'apercevront que l'Italie ils l'avaient déjà chez eux, comme ce qui a précédé ce qu'ils sont actuellement. Certains Français ont cru jadis que ce pays était non plus le berceau, mais la tombe de la civilisation ; et c'est ainsi que doivent la considérer la plupart des étrangers qui la visitent comme ils feraient d'un musée, toujours ignorants de notre état présent. Et en cela ils ont tort ; et si savants que soient ces visiteurs de musées, ils restent toujours ignorants — je dis ignorants de la vie actuelle de ce pays, qui semble la vie du mort ressuscité, ce qui est au moins un cas digne d'attention.

En quoi consiste véritablement cette *renaissance* de l'Italie, et que peuvent en attendre ceux qui considèrent l'ensemble du progrès humain sans préjugés et sans idées préconçues ? (1) Sans parler des grandes difficultés qu'il y a à étudier, d'une manière objective et avec des critères qui ne dépendent pas uniquement des impulsions de l'opinion personnelle, l'histoire actuelle de tout pays, dans le cas spécial de l'Italie il faudrait remonter jusqu'au XVIe siècle, quand le développement initial de l'époque capitaliste — qui avait ici son siège principal — fut déplacé de la Méditerranée. Il faudrait arriver, à travers l'histoire de la décadence qui suivit, aux prémisses positives et négatives, internes et externes, des conditions présentes de l'Italie. Il n'est pas besoin de dire que mes forces seraient inférieures à l'entreprise, et je n'ai pas la moindre intention de m'y essayer à propos et à l'occasion d'un discours familier, comme l'est celui-ci. Celui qui saurait condenser dans un livre une telle étude pourrait dire qu'il aurait concouru à exprimer, d'une façon réfléchie, la situation présente et la conscience actuelle des Ita-

(1) Je m'étais, dans cette lettre, longuement étendu sur la condition actuelle de l'Italie. Mais j'ai cru devoir me restreindre en imprimant ces lettres, parce que, sous peu, je publierai un autre essai dans lequel j'aurai occasion de parler des causes éloignées et des raisons prochaines de la situation présente de ce pays.

liens (1). Chez nous on est souvent, d'une façon très aveugle, optimiste ou pessimiste, dans le sens que donnent à ces mots ceux qui ne sont pas philosophes de profession ; surtout parce qu'on ignore en Italie la véritable situation des autres pays, de sorte que beaucoup jugent les conditions indigènes non pas d'après une mesure pratique et comparative, mais d'après une mesure idéale, hypothétique, et souvent utopique. C'est une chose singulière que chez nous, dans cette grande renaissance des sciences d'observation dans le domaine de la nature — sciences qui sont vraiment cultivées dans des vues particularistes et même antiphilosophiques — il y ait si peu d'esprit posi-

(1) J'ai essayé de faire cette étude, au moins d'une façon sommaire, au début du cours que j'ai consacré, en 1897-98, à la « Chute de l'Ancien Régime ». Pour expliquer le développement *catastrophique* de la société capitaliste en France, j'ai dû indiquer les caractéristiques de ce que nous appelons en général la société moderne. Mais comme le développement, empêché ou retardé, de la vie de l'Italie enlève à beaucoup d'italiens la vision claire du monde capitaliste, j'ai dû préciser les causes, les raisons et les modes du moment actuel de notre pays. Beaucoup de socialistes italiens ne voyaient pas, jusqu'à il n'y a que peu de temps, que les empêchements au développement capitaliste étaient autant d'empêchements à la formation d'une conscience prolétarienne capable d'une action politique : — ils étaient et ils demeuraient pour cela *bon gré mal gré* des utopistes. A ce moment, en décembre 1897, je ne pouvais prévoir l'ouragan du mois de mai 1898 ; j'étais cependant tout préparé pour... le comprendre. Et que peut-on en certaines circonstances si ce n'est comprendre ? (Note de l'édit. franç.).

tif pour les choses sociales actuelles, alors qu'est si extraordinairement grand dans ce pays le nombre des sociologues qui administrent des définitions aux assoiffés de vérités. Mais on le sait, les sociologues ont en tout pays une certaine antipathie étrange pour l'étude de l'histoire qui serait d'ailleurs, d'après les profanes, cette chose dans laquelle la société s'est précisément développée.

En un mot, petit est chez nous le nombre de ceux qui voient clair dans cette circonstance de fait : que la bourgeoisie italienne, déjà l'objet, comme dans tous les autres pays, des colères et des haines des humbles, des exploités, et d'un autre côté pressurée par le menu peuple, est en elle-même instable, inquiète, incertaine, parce qu'elle ne peut pas se mesurer avec la bourgeoisie des autres pays sur le terrain de la concurrence. Pour cette raison, comme pour cette autre que l'Italie est le siège de la papauté et de tout le mouvement important qui en dépend (1), que seuls les théoriciens de l'uto-

(1) Dans le mouvement de folie terroriste qui fut un effet de la peur, comme toute terreur politique, le gouvernement italien a pourchassé au mois de mai dernier les socialistes, les républicains... et les cléricaux, ce qui fait grand honneur à son sentiment de justice. Les commentaires sont superflus !

Depuis 1887 j'ai, à plusieurs reprises, combattu, par la plume et par la parole, et dans des circonstances graves, les nombreuses tentatives qui ont eu lieu, et qui ont heureusement échoué, pour réconcilier le Quirinal et le Vatican. Mais je n'ai jamais fait appel dans cette polémique à l'athéisme, au matérialisme, etc., comme le

pisme libéral déclarent morte pour toujours, cette bourgeoisie, qui doit encore grandir, est révolutionnaire dans son essence, comme dirait le *Manifeste*. Et comme elle n'a pas pu être jacobine, autant que l'aurait voulu son instinct naturel, elle s'est arrêtée à la formule du roi par la grâce de Dieu et de la nation en même temps. Cette bourgeoisie, ne pouvant compter sur le rapide développement d'une grande industrie, qui tarde en fait à venir, et sur la conquête rapide d'un grand marché extérieur, étant donné le progrès lent et incertain de l'économie nationale, principalement agricole, se livre à la petite politique des expédients, et elle dépense en habiletés toute son intelligence. Que fait la flotte italienne depuis plusieurs mois en Orient? On dirait le renard qui, au dire de la fable, trouve que les raisins ne sont pas mûrs parce qu'il ne peut pas les atteindre ; mais avec ce

font mes collègues idéologues. J'ai toujours invoqué l'intérêt politique de notre bourgeoisie, qui ne peut pas se dispenser de se servir de deux symboles en même temps, l'*Hymne à Garibaldi* et la *Marche Royale*. Il n'y a pas de place chez nous pour un parti conservateur, et c'est là une des caractéristiques de notre pays ; parce que, chez nous, on ne pourrait être conservateur qu'en se proposant de détruire l'état actuel. D'ailleurs, nos prêtres, aussi prosaïques que tous les Italiens, veulent réaliser le règne de Dieu sur cette terre et traitent les affaires en humanistes retardataires, et c'est comme un article de luxe qu'ils importent d'Allemagne et d'Autriche la théologie, l'érudition, le socialisme chrétien et les caisses confessionnelles. (Note de l'édition française).

renard, à la différence de celui de la fable, s'en trouvent d'autres qui veillent sur les raisins dont ils se sont emparés ou sur lesquels ils vont mettre la patte ! Et le renard devient idéaliste parce qu'il n'a rien à se mettre sous la dent. Etant donné l'abstentionisme réactionnaire ou démagogique des cléricaux, et le très lent développement de l'opposition prolétarienne, cette bourgeoisie italienne a cru, et elle croit, qu'elle est toute la *nation*, et en l'absence de partis qui partagent la société, elle donne le nom de partis aux fractions et factions qui se forment autour de capitaines ou de proconsuls, ou d'entrepreneurs ou d'aventuriers de toute sorte. L'apparition du socialisme la frappa d'étonnement.

D'un autre côté, ceux-là se trompent qui croient que les agitations populaires sont toujours l'indice ou le prodrome chez nous, comme elles l'ont été et le sont parfois et en certaines régions de l'Italie, de ce mouvement prolétarien qui, soit qu'il lutte économiquement sur une base concrète, soit qu'il ait des aspirations politiques, tend dans les autres pays plus ou moins explicitement au socialisme. Ici, le plus souvent, cette agitation n'est que la rébellion des *forces élémentaires* contre un état de choses, dans lequel ces forces ne trouvent pas la coercition nécessaire, c'est-à-dire cette coercition qui est propre à un système bourgeois capable d'enrégimenter les prolétaires. Qu'on considère, par exemple, la forme aiguë de l'émigration qui est, à peu d'exceptions près, une émigration d'hommes capables d'offrir leurs bras, une activité incomparable, et un estomac capable d'endurer toutes les privations, à l'exploitation du capital étranger en pays étranger : ce sont, en un mot, des ouvriers venus des champs, où ils sont en trop grand nombre, ou de l'artisanat en décadence, que, la férule éducatrice du capital transformerait en des escouades d'ouvriers de fabrique, si la grande industrie se hâtait de se développer, ou que le capital national conduirait dans les colonies nationales, s'il en existait, et si on n'avait pas commis la folie d'en vouloir créer là où il semble à peu près impossible d'en avoir (1).

(1) « L'Italie a besoin de progresser matériellement, moralement et intellectuellement. J'espère que vous verrez une Italie où le système atavique de la culture des champs sera remplacé par l'introduction des machines et les larges applications de la chimie ; et que vous verrez arracher aux cours supérieurs des fleuves, et peut-être aux vagues de la mer, et aux vents, la force génératrice de l'électricité, qui seule peut compenser pour nous la houille, que nous n'avons pas. Je me souhaite que vous voyez disparaître de l'Italie les illétrés et avec eux les hommes qui ne sont pas des citoyens et les plèbes qui ne sont pas un peuple. Vous serez peut-être les témoins et les acteurs d'une politique, dont l'orientation sera déterminée par la conscience d'une culture plus grande, et par une plus grande puissance économique, et non plus par les alliances mendiées et par les entreprises étonnamment aventureuses, qui se terminent par des actes de prudence qui ressemblent à de la lâcheté. » C'est ce que je disais l'an passé dans le discours de rentrée de l'Université de Rome, le 14 novembre 1896, en m'adressant aux étudiants, et c'est ce passage qui a fait tant de bruit. (Conf. *L'Università e la Libertà della Scienza*, Roma, 1897, page 50).

L'Italie est devenue dans ces dernières années, et cela est bien naturel, la terre promise des décadents, des mégalomanes, des critiques à vide, des sceptiques par ennui et par pose. A la partie saine et véritable du mouvement socialiste (qui ne peut dans les circonstances actuelles avoir d'autre rôle que celui de préparer l'éducation démocratique du menu peuple) se mêlent, par conséquent, un certain nombre d'individus, qui, s'ils avaient le courage de la franchise, devraient avouer qu'ils sont des décadents, et que ce qui les pousse à se démener ce n'est pas la *volonté active de vivre*, mais l'ennui vague de l'heure présente : — des léopardiens ennuyés!

Il me faut finalement finir : mais il me semble qu'à mon oreille arrive comme une voix légère de protestation venue de ces *camarades* si prompts à faire des objections, et que cette voix me dit : c'est là de la sophistique de doctrinaire et nous avons besoin de pratique. Certainement, nous sommes d'accord ; vous avez raison. Le socialisme a été si longtemps utopiste, faiseur de projets, extratemporel et visionnaire qu'il est bon maintenant de dire et de répéter à tout moment que nous avons besoin de pratique, pour que l'esprit de ceux qui en sont les partisans soit toujours occupé à évaluer les résistances du monde réel, et à étudier continuellement le terrain sur lequel nous devons nous ouvrir une route si difficile. Que mon critique prenne garde cependant de ne pas se poser lui-même en doctrinaire, ce qui signifie une certaine disposition des esprits, viciés par l'abstraction, à penser que les idées proclamées comme excellentes et les fruits des expériences faites à certains moments et dans certains lieux, sont choses que l'on peut appliquer sans hésiter à tous les faits concrets, et de plus bonnes pour tous les temps et pour tous les lieux. La pratique des partis socialistes, comparée aux autres politiques suivies jusqu'ici, est ce qui répond le mieux, je ne dirai pas à la science, mais à un procédé rationnel. C'est le difficile essai d'une observation constante et d'une adaptation toujours nouvelle ; c'est le difficile essai de diriger sur une ligne de mouvement unitaire les tendances, souvent difformes et souvent antagonistes, du prolétariat ; c'est l'effort pour exécuter des desseins pratiques avec l'aide de la vision claire de tous les rapports qui lient, dans un enchevêtrement très compliqué, les différentes parties du monde dans lequel nous vivons. Et s'il n'en était pas ainsi, pour quelle raison et à quel titre parlerait-on du Marxisme tant vanté ? Si le matérialisme historique n'a pas de consistance, cela veut dire que notre attente du socialisme est caduque, et que notre conception de la société future est une création d'upotiste !

Mais il n'est que trop vrai, en fait, que dans tout le socialisme contemporain il y a toujours latent un je ne sais quoi de *néo-utopisme* (1) ; c'est ce qui arrive à ceux qui, répétant constamment le dogme de l'évolution nécessaire, arrivent ensuite presque à la confondre avec un certain droit à un état meilleur, et disent que la future société du collectivisme de la production économique, avec toutes les conséquences techniques, éthiques et pédagogiques qui résulteraient du collectivisme, *sera parce qu'elle doit être*, et ils oublient presque que cet avenir doit être produit par les hommes eux-mêmes, et par la sollicitation de l'état dans lequel ils sont, et par le développement de leurs aptitudes. Heureux ceux qui mesurent l'avenir de l'histoire et le droit au progrès à la mesure d'un certificat d'assurance sur la vie !

Ceux qui dogmatisent sur ces idées commodes oublient un certain nombre de choses. D'abord que l'avenir, par cela même qu'il est l'avenir qui sera le présent quand nous serons le passé, ne peut pas être le critérium pratique de ce que nous devons faire dans le présent. C'est ce à quoi nous arriverons, mais ce n'est pas le moyen pour y ar-

(1) Bernstein a parlé récemment, et fort habilement, dans des articles ingénieux parus dans la *Neue Zeit*, de l'*utopisme* latent même chez les Marxistes ; beaucoup de ceux qui étaient visés se seront dit : est-ce nous que le bât blesse ? [En écrivant cela je n'aurais jamais pu m'imaginer en 1897 que le nom de Bernstein, dont je louais la *critique, utile uniquement en tant qu'elle est critique*, allait être exploitée par les colporteurs de la crise du marxisme] (Note de l'édit. franç.).

river. En second lieu, l'expérience de ces cinquante dernières années doit amener ceux qui sont capables de penser et de se soumettre à la critique, à cette conviction que, à mesure qu'augmente chez les prolétaires et dans le menu peuple la capacité à s'organiser en parti de classe, l'essai même de ce mouvement nous porte à comprendre le développement de l'*ère nouvelle* selon une mesure de temps qui est très lente comparée au rythme rapide que concevaient autrefois les socialistes teintés de jacobinisme. Or, à une si grande distance, notre prévision ne peut être qu'incertaine, si l'on tient compte des énormes complications du monde actuel et de l'extension du capitalisme, c'est-à-dire de la forme bourgeoise (1). Qui ne voit que désormais le Pacifique prend la place de l'Atlantique, comme celui-ci de son côté avait fait passer la Méditerranée au second plan ? (2) De sorte qu'en

(1) Par cette multiplication des centres de production et par les croisements et les interférences qui en résultent, les crises elles-mêmes ont subi un déplacement. Au lieu d'avoir une périodicité (décennale pour Marx, étant donné l'exemple typique de l'Angleterre), les crises sont maintenant à l'état diffus et chronique. [Cela est devenu actuellement un gros argument pour ceux qui combattent les prévisions catastrophiques. En somme, on rend le *marxisme* en tant que doctrine responsable des erreurs de calcul et de prévision dans lesquelles a pu tomber Marx, qui n'a évidemment vécu que dans certaines limites de temps, de lieu et d'expérience] (Note de l'édit. franç.).

(2) Il semble que cela est plus évident en 1898 qu'en 1897. Et c'est pour cela que le tzar veut mettre ses poudres à l'abri, sous la protection du dieu de Tolstoï (Note de l'édit. franç.).

troisième lieu la science pratique du socialisme consiste dans la connaissance précise de tous ces processus compliqués du monde économique, et, parallèlement, dans l'étude des conditions du prolétariat, en tant qu'il est forcé et qu'il devient apte à se concentrer en parti de classe, et qu'il porte dans cette concentration successive l'âme qui lui est propre, étant donné la lutte économique dans laquelle prend racine cette politique qu'il est de son devoir de faire. Sur ces données plus proches notre prévision peut avoir une suffisante rigueur d'évidence, et elle peut arriver jusqu'au moment où le prolétariat deviendra prépondérant et ensuite prédominant politiquement dans l'Etat. Et ce moment qui doit coïncider avec l'impuissance du capitalisme à se maintenir, ce moment que personne ne peut se représenter comme un bruyant patatrac, serait le commencement de ce que beaucoup, on ne sait pas pourquoi, comme si toute l'histoire n'était pas la série des révolutions de la société, appellent emphatiquement la révolution sociale *par excellence*. Dépasser ce moment par des raisonnements, ce serait confondre ceux-ci avec les artifices de l'imagination.

Le temps des prophètes est passé. Bienheureux Fra Dolcino, toi qui a pu dans tes trois lettres (1) transfigurer les événements politiques du moment (le pape Célestin et le pape Boniface VIII,

(1) Comme on le sait, l'une d'elles ne nous est connue que par des fragments et même indirectement.

Angevins et Aragonais, Guelfes et Gibelins, misérables plèbes et patriciats des communes, etc.) dans des types déjà symbolisés par les prophètes et par l'Apocalypse, en mesurant années par années, mois par mois et jours par jours, et en y apportant des corrections successives, les temps de la providence. Mais tu as été un héros, ce qui démontre que ces fantaisies n'ont pas été la cause de tes actes, mais l'enveloppe idéale dans laquelle tu te rendais compte à toi-même, comme l'ont fait tant d'autres, pendant tout un siècle avant toi, y compris François d'Assises, du soulèvement désespéré des plèbes contre la hiérarchie papale, contre la bourgeoisie déjà puissante dans les communes, et contre la monarchie naissante. Maintenant toutes ces enveloppes ont été déchirées, y compris la religion des idées, comme disent ceux qui se servent d'un jargon hypocrite pour faire croire à un certain respect superstitieux pour la religion des autres. Actuellement il n'est permis d'être utopistes qu'aux imbéciles. L'utopie des imbéciles est, ou bien ridicule, ou bien c'est un passe-temps de littérateurs qui se plaisent au phalanstère de niaiseries que construit Bellamy. Marx avait plus de modestie, et on ne trouve chez lui que la prose de la science ; il a modestement recueilli dans la société présente les premiers indices des transitions qu'elle va subir, comme par exemple la naissance des coopératives (véritables !) en Angleterre et autres choses semblables, et il se résigna (notamment dans le travail dépensé dans l'Internationale) à n'être qu'un accoucheur, ce qui n'a rien du constructeur d'avenir. Engels et lui ont parlé de la société future — étant donné l'hypothèse de la dictature politique du prolétariat — non pas sous un aspect intuitif, de la façon dont elle apparaîtrait à celui qui la verrait, mais sous l'aspect du principe directeur de la forme, c'est-à-dire de la structure économique, et particulièrement en antithèse à la société actuelle (1).

D'ailleurs s'il est des gens qui éprouvent le besoin de vivre dès maintenant dans l'avenir, et de le sentir et de l'essayer sur leur propre personne ; et si, trônant au nom des idées, ils veulent, comme des papes, *investir* de leurs droits et de leurs devoirs les membres de la société future — à leur aise. Qu'il me soit permis à moi qui ai un certain droit, comme tous les autres, d'adresser ma carte de visite à nos descendants, d'exprimer l'espoir que, semblables à nous encore en plus d'un point, ils aient assez de la joyeuse dialectique du rire pour se moquer humoristiquement des prophètes d'aujourd'hui.

Et maintenant je vous cède la place, s'il vous plaît de recommencer.

(1) Je renvoie aux extraits que je cite pp. 150-52 du *Materialismo storico,* Roma, 1896, (pag. 287-290 de la traduction française), et je fais remarquer, en passant, que dans la traduction française manque au bas de la page 290 le renvoi à l'*Antidühring*, 3e édit., pp. 305-306, qui est indiqué dans l'édition italienne, de sorte que le lecteur ne sait pas à quel auteur appartient le passage mis entre parenthèses.

XI

POST-SCRIPTUM A L'ÉDITION FRANÇAISE

Frascati (Rome), 10 septembre 1898.

Bien que jusqu'ici M. Sorel n'ait point manifesté le désir de recommencer, il se peut qu'il le fasse dans la suite. J'ai cependant des raisons de craindre que, s'il le fait, il ne suive un chemin pour moi *inattendu*, puisqu'il parle maintenant de : *La Crise du socialisme scientifique* (conf. son article dans la *Critica Sociale*, 1er mai 1898, pp. 134-38), précisément à l'occasion des publications de M. Merlino qu'il avait si sévèrement critiquées l'an passé (*Devenir Social*, octobre 1897, pp. 854-58).

Mais qu'il recommence ou qu'il ne recommence pas à s'occuper de ces problèmes généraux en prenant en considération ce que j'écrivais en m'adressant à lui, je tiens à déclarer ici, pour éviter tout malentendu et pour qu'il ne puisse y avoir d'équivoque pour le lecteur, que je ne le suivrai pas dans ses élucubrations hâtives ou prématurées contre la *théorie de la valeur* (*Journal des économistes*, Paris, 15 mai 1897 ; *Sozialistische Mo-*

natshefte, Berlin, août 1897 ; *Giornale degli Economisti*, Roma, juillet 1898 ; *Riforma Sociale*, août 1898). Sans discuter ici ces élucubrations, ce que l'on ne peut faire incidemment et comme passe-temps, je ne voudrais pas me voir cité, en compagnie de M. Sorel, comme un des exemples de la *crise du marxisme* (Conf. Th. Masaryk, *die Krise des Marxismus*, Wien, 1898 ; trad. franc. dans la *Revue internationale de sociologie*, juillet 1898, où l'on cite page 8. M. Sorel à l'appui de cette précieuse découverte littéraire). A mon avis dans cette prétendue *crise* il y a bon nombre de *dramatis personæ*, qui n'ont pas encore bien appris leur rôle, ou bien qui ont peur de l'apprendre, ou qui le récitent très mal.

Je dois faire ces mêmes réserves, avec plus de force peut-être, au sujet du mémoire de M. Croce, *Per la interpretazione e la critica di alcuni concetti del Marxismo*. Napoli, 1897 (traduit dans le *Devenir social*, IVe année, février et mars 1898).

Quoique ce travail semble être (et c'est ce que déclare son auteur lui-même, pag. 3) un compte-rendu libre de mon *Discorrendo*, en réalité il contient à côté de beaucoup d'observations utiles de méthodologie historique, et de quelques vues sagaces sur la tactique politique, des propositions théoriques qui n'ont rien de commun avec mes publications et mes opinions, et qui leur sont même *diamétralement opposées*. Dois-je entreprendre une véritable polémique *ex professo* contre ce mémoire qui, à tant d'autres points de vue, mérite d'être lu ? Pourquoi et à quoi bon ? je laisse volontiers à l'auteur de ce *libre compte-rendu* la liberté de ses opinions, pourvu que celles-ci ne passent pas aux yeux des lecteurs pour un complément, accepté par moi, de mes idées personnelles.

Cependant je ne puis me contenter de faire des réserves comme pour M. Sorel, et il faut que j'ajoute quelques notes critiques sommaires.

Je ne dirai rien des subtiles distinctions scolastiques, auxquelles s'arrête complaisamment M. Croce, entre la science *pure* et la science *appliquée*, entre l'*homo oeconomicus* et l'homme *moral*, entre l'*égoïsme* et l'*intérêt personnel*, entre ce qui *est* et ce qui *doit être*, etc., parce que, au fond, mon métier de professeur m'oblige à être indulgent pour la *scolastique traditionnelle*, qui peut, dans certaines limites, servir pour orienter l'esprit des débutants, mais qui n'est jamais la science pleine et concrète. Comment l'astronome pourrait-il empêcher le commun des gens de parler du soleil qui se lève, et qui se couche ? Je pourrais renvoyer aux chapitres VI et VIII de mon *Del materialismo storico* (conf. pp. 168-186, et 214-238 de l'éd. franç.), consacrés à une question analogue, où j'ai montré comment les *fac-*

teurs, indispensables à la connaissance empirique et immédiate, se transforment à un certain moment en *aspects* ou en *moments* (selon les cas) d'une connaissance totale unitaire. Mais je me demande : comment celui qui a encore le cerveau comprimé dans les entraves de la logique de la connaissance empirique immédiate, peut aborder vraiment le problème du Marxisme, qui est, ou du moins qui prétend (pour être courtois avec les adversaires) être au-dessus de ces distinctions préliminaires? N'est-ce point là une lutte à armes trop inégales? j'inviterais presque M. Croce à faire usage à nouveau de sa *faculté critique* dans un autre domaine d'études, à lire rapidement un traité d'*Energétique* — par exemple le traité récent de Helm, — d'envoyer au diable tous les Helmotz et tous les R. Mayer de ce monde, pour remettre en honneur, d'après le *sens commun*, la *lumière* qui est toujours *lumineuse* et la *chaleur* qui est toujours *chaude*.

Mais d'où M. Croce, — et cela au moment précis où il s'occupe de Marx ! — tire-t-il cette conviction que, en dehors des différentes *économies* qui se sont succédées dans l'histoire, dont l'*économie capitalistico-industrielle* est, pour ainsi dire, un cas particulier — (mais c'est ce cas, remarquons-le en passant, qui seul jusqu'ici a sa théorie, et celle-ci se trouve dans de nombreuses variantes d'écoles et de sous-écoles), — il y a une *économie pure*, qui seule éclaire et seule fournit une direction générale d'interprétation à tous ces cas, ou mieux à toutes ces formes de prosaïque expérience? Un animal *en soi*, en plus de tous les animaux visibles et palpables? Et que pourrait bien contenir cette économie de l'homme supra-historique et supra-social, qui finit par être plus ennuyeux que les sur-hommes de la littérature et de la philosophie? Peut-être la simple théorie des besoins et des appétits, étant donné uniquement la nature extérieure, mais sans l'expérience du travail, sans instruments, et sans corrélations précises d'association ou de société? Cette thèse pourrait servir peut-être à la psychologie conjecturale de l'homme préhistorique. Mais non pas, cette économie de l'homme *en soi*, selon M. Croce, est perpétuelle et actuelle; — et ici je me perds véritablement: « (pag. 19) j'accepte la construction économique de l'école hédoniste, l'*utilité-ophélimité*, le degré final d'utilité, et enfin l'*explication (économique) du profit du capital comme provenant du degré différent d'utilité des biens présents et des biens futurs!* Mais cela ne satisfait pas au désir d'une explication *sociologique* du profit du capital; et cette explication, comme toutes celles de la même nature, on ne peut pas les trouver ailleurs que dans la direction où les a cherchées Marx ». Mon ami Croce est vraiment insatiable, et son insatiabilité pourrait le faire passer, si je ne le connaissais bien, pour un esprit capricieux. Il accepte *d'emblée* tout un système d'économie, un système qui prétend embrasser tout le connaissable économique. C'est là un système très connu en Italie, où il a des représentants considérables, où même il a été continué et perfectionné, par M. Barone, dit-on, en ce qui concerne la théorie de la *répartition*. A l'appui de sa profession de foi, qui doit être très agréable, puisqu'elle est hédoniste, il met un point d'exclamation là où il dit qu'il accepte l'*explication économique* — (devrait-elle être *non économique* ?) — du « profit du capital comme provenant du degré différent d'utilité des biens présents et des biens futurs ! » Que lui faut-il encore pour traiter Marx d'imbécile et de songe-creux, lui qui, par des voies tout à fait différentes, s'est efforcé de rechercher l'origine, le processus et la répartition de la plus-value ? Et c'est là, en fin de compte, que se ramène essentiellement pour Marx son activité spécifique de *critique* et d'*innovateur* de l'économie. La célèbre formule AA', c'est-à-dire de l'argent qui redevient argent avec un surplus, a été comme le *clou rivé* dans la tête de Marx, de même qu'elle est le centre de sa recherche. M. Croce, après avoir fait sa profession de foi d'hédoniste convaincu, comme si après avoir bu et mangé à satiété on voulait encore boire et manger, se tourne vers Marx pour lui demander une théorie sociologique qui vienne compléter la théorie économique à laquelle M. Croce s'est arrêté d'une façon décidée ; — et que peut lui dire Marx sinon ceci : envoyez au diable tout votre galimatias hédoniste, sinon il est inutile de m'interroger sur toutes ces bagatelles, parce que je ne puis vous offrir que quelque chose de tout à fait opposé. En effet, M. Croce est obligé de parler d'un Marx qui diffère — un peu, ou beaucoup, je ne sais — du véritable Marx, pour qu'il soit tel que ses principes soient conciliables avec les données indiscutables de l'*hédonisme*. En parlant de la façon dont Marx « a pu arriver à découvrir et à définir l'origine sociale du *profit*, c'est-à-dire de la *plus-value* » il formule cette sentence ; « (pag. 12) *Plus-value* n'a pas de sens en économie pure, comme cela résulte de la dénomination elle-même, car une *plus-value* est une *extra-value*, et cela nous fait sortir du domaine de l'économie pure. Mais elle a un sens et n'est pas une idée absurde, comme concept de différence, lorsqu'on compare une société économique avec une autre, un fait avec un autre fait, deux hypothèses entre elles ». Et il ajoute en note : « Je dois faire amende honorable pour une erreur que j'ai commise dans un mémoire antérieur, dans lequel, tout en indiquant correctement que la *plus-value n'est pas un concept purement économique*, je la définissais inexactement un *concept moral* ; j'aurais dû dire un *concept de différence*, de *sociologie économique* et d'*économie appliquée*, et non d'*économie pure*. La morale n'a rien à faire ici, comme elle n'a rien à voir dans toute la recherche de Marx ». Je souhaite à M. Croce que dans un *troisième mémoire* il nous dise qu'il a pu reconnaître sa première *erreur*, parce que celle-ci était la généralisation d'une opinion courante dans le socialisme vulgaire, que la plus-value est le résumé des protestations des exploités ; mais qu'il ne peut trouver d'excuse à sa seconde erreur, parce qu'il ne peut plus dire exactement ce qu'il entendait par là. Et cela non seulement parce qu'il y a une équivoque continue entre *profit*, *intérêt* et *plus-value*, mais parce qu'en plusieurs passages il prend le concept d'une *société productrice* (1) comme une forme en soi — (mais je demande en opposition à quelle autre, peut-être à celle des saints dans le paradis ?) — et il prétend que « Marx comparait la société capitaliste à une partie d'elle-même, isolée et élevée au rang d'existence indépendante : il comparait la société capitaliste avec la société économique en elle-même (mais seulement en tant que société productrice) » et ensuite : « L'économie marxiste est celle qui étudie la société productrice (1) abstraite » (pag. 12 et 13).

S'il existe des gens qui éprouvent le besoin de se débarrasser du malfaisant bacille métaphysique, qui permet de tels raisonnements, je leur conseille comme remède la lecture, non pas des polémiques des économistes, et notamment de celles qui ont eu lieu en Allemagne à l'occasion des publications de M. Dietzel, qui pourraient

(1) Le texte italien porte *società lavoratrice*, c'est-à-dire littéralement *société travaillante*, société qui essentiellement et exclusivement est travaillante, qui ne fait que travailler (Note du traducteur).

être suspectes, mais de la *Logique* de M. Wundt (vol. II, 2e partie, pp. 499-533), dans laquelle, pour le dire en passant, quelques pages après celles que nous venons de citer, on donne comme exemple-type de *loi sociale* (cela semble incroyable ! et M. Wundt n'est pas tendre, ni pour les sociologues, ni pour les soi-disant lois sociales) précisément la *plus-value* d'après Marx (*Ibid.*, pag. 620-622).

Après tout, cette économie pure — comme on a l'habitude de l'appeler en Italie, qui est toujours le pays de l'emphase et de l'exagération — c'est-à-dire ce courant de *recherche et de système*, qui, sur les traces insuffisantes, oubliées ou ignorées de Gossen, de Walras et de Jevons, s'est développé dans ce qu'on appelle maintenant (*vulgo*) l'*école autrichienne*, n'est, dans ses prémisses comme dans ses procédés, qu'une variante théorique de l'interprétation de ces mêmes données empiriques de la vie économique moderne, qui ont toujours constitué l'objet des études des autres écoles. Elle se distingue de l'*école classique* (qui n'a pas été si antihistorique qu'on le croit souvent, comme l'a montré M. Schüller, *Die Klassische Nationalœkonomie*, Berlin, 1895 ; trad. franç., Paris), par sa tendance à un plus haut degré d'abstraction et de généralisation. Elle s'efforce de faire mieux connaître les états psychiques qui précèdent et accompagnent les actes et les rapports économiques. Elle use et elle abuse des *procédés* et des *expédients* mathématiques. Elle n'est pas la supra-histoire, bien qu'elle mette souvent en scène les *robinsonades*, qu'elle dissimule souvent sous la forme d'une psychologie individualiste subtile ; et même elle est si peu la supra-histoire qu'à cette histoire actuelle elle emprunte deux données, dont elle fait deux postulats absolus : la liberté du travail et la liberté de la concurrence poussées à leur maximum par hypothèse. C'est pour cela qu'elle est intelligible et discutable, parce qu'on peut la comparer à l'expérience, dont elle est souvent une interprétation forcée et unilatérale. (La généralité du public français peut trouver maintenant un exposé clair de la *théorie de la valeur* de cette école dans le livre de E. Petit : *Etude critique des différentes théories de la valeur*, Paris, 1897).

Revenons à M. Croce. Je ne puis cacher mon étonnement de le voir reprocher (notes 1 et 2, p. 14) à Engels d'avoir appelé une fois *historique* la science de l'économie, et de l'avoir appelée une autre fois *économie théorique*. Si l'on s'arrêtait aux mots seulement on pourrait dire qu'historique est ici l'opposé de naturel, entendu comme quelque chose de fixe et d'immuable (les fameuses *lois naturelles* de l'économie vulgaire), et que le mot *théorique* s'oppose ici à la connaissance grossièrement descriptive et empirique. Mais il y a plus. Toute théorie n'est pas autre chose que la représentation, aussi parfaite que possible, des rapports de conditionnalité réciproque des faits qui, sur un domaine déterminé de l'existence, se présentent comme homogènes ou connexes. Mais tous ces groupes de faits sont les moments d'un devenir. Or, si un physiologiste, après avoir exposé la théorie physico-mécanique de la respiration pulmonaire, ajoutait que la respiration n'est pas liée à l'existence d'un poumon, et que le poumon lui-même est un fait particulier de genèse dans l'histoire générale des organismes, traduiriez-vous ce physiologiste comme accusé devant le tribunal d'une autre économie pure, c'est-à-dire devant le tribunal d'une *physiologie très pure*, qui étudie *l'entité vie*, et non pas les êtres vivants?

En effet, M. Croce reproche à Marx (*passim*) de n'avoir pas établi les rapports de sa recherche avec les concepts de l'économie pure pour montrer « (pag. 3) par un exposé méthodique, comment les faits du monde économique les plus différents en apparence sont régis, en dernier lieu, par une même loi ; ou, ce qui revient au même, comment cette loi se réfracte d'une façon différente en passant à travers des organisations différentes sans changer de nature, car sans cela le mode et le criterium même de l'explication feraient défaut ». Ici Marx, s'il avait envie de répondre, ne saurait vraiment quoi répondre. Il ne s'agit même plus des généralisations, en vérité trop abstraites de l'école hédoniste, qui appartiennent encore aux processus permis d'abstraction et d'isolement propres à toutes les sciences, qui, partant de la base empirique, cherchent la route des principes. Nous nous trouvons maintenant en présence d'une *loi économique* qui, comme une presque-entité traverse mystérieusement les différentes phases de l'histoire, pour qu'elles puissent être liées ensemble. C'est là le pur possible, qui est ensuite, en réalité, l'impossible. M. Dühring — qu'il défend à certains moments — sur plusieurs points est dépassé. Il s'agit ici d'énoncer des difficultés dans la conception scientifique de tout problème scientifique, par suite desquelles cessent d'être intelligibles non seulement Marx mais les trois quarts de la pensée contemporaine. La logique formelle, d'heureuse mémoire, devient l'arbitre du savoir. Prenons le livre qui a été autrefois si répandu en France, la *Logique* de Port Royal. On part d'un concept d'une très grande extension et de contenu minimum, et par l'adjonction mécanique de connotations nouvelles, on se rapproche d'un concept de très faible extension et de contenu maximum. Et si nous avons à faire ensuite à un processus réel, comme par exemple le passage de l'invertébré au vertébré, ou du communisme primitif à la propriété privée du sol, ou de l'indifférence des racines à la différentiation thématique du verbe et du nom dans le groupe aryo-sémitique, au lieu de nous arrêter sur ces faits comme sur des exemples d'épigenèses laborieusement et *realiter* advenues, nous inscrirons dans un concept tout fait et préconçu, grâce à une méthode de notation facile, d'abord un A, puis un a, puis un a^2, puis un a^3 puis un a^4, etc., et tout sera fini. Et cela me semble devoir suffire.

Voici, par suite, quelques passages assez *curieux* « (page 2). C'est une société (il s'agit de la société étudiée par Marx dans le *Capital*) idéale et schématique, déduite de quelques hypothèses, qui *pourraient* ne s'être jamais présentées dans le cours de l'histoire ». Marx devient ainsi le théoricien d'une utopie. Puis (pag. 4) : « Marx a pris *hors du domaine de la théorie économique pure* une proposition, la *célèbre* égalité de la valeur et du travail ». Et où l'a-t-il donc prise? peut-être (d'après certains) y est-il arrivé « en poussant à ses conséquences extrêmes une *idée* peu heureuse de Ricardo ». Ce Ricardo, il faudrait l'expulser véritablement de l'histoire de la science, car il n'a vraiment rien trouvé de *plus heureux*. A un certain moment M. Croce (pag. 20 en note) s'en prend à M. Pantaleoni, parce que celui-ci « attaque M. Böhm-Bawerk, lorsqu'il se demande où l'emprunteur du capital peut prendre de quoi payer l'intérêt ». En effet, M. Pantaleoni (*Principii di Economia pura*, pag. 301) dit « *la cause génératrice de l'intérêt est dans la productivité du capital en tant que bien complémentaire dans un processus technique avantageux, exigeant un certain temps, et non pas dans la vertu du temps, qui laisserait les choses comme elles sont* ». Puis, pendant tout un chapitre, M. Pantaleoni, avec la façon de raisonner qui est propre à son école, reprend à sa manière l'explication de l'intérêt comme provenant de la productivité *de l'argent* (*capital*), qui, sortie victorieuse, déjà au XVIIe siècle, des polémiques des moralistes et des canonistes, apparaît dans sa formule élémentairement économique pour la première fois dans Barbon et dans Massey. Cette explication est la seule que l'économiste puisse donner aussi longtemps que la productivité du capital, qui *prima facie* apparaît comme évidente, n'est pas l'objet de la critique ; et c'est cette critique qui a conduit Marx à la formule plus générale et au principe génétique de la *plus-value*. Dans ce même chapitre M. Pantaleoni (1) discute habilement contre M. Böhm-Bawerk, qui, comme dirait M. Croce, « donne l'explication (*économique*) du *profit* du

(1) En lisant les épreuves de ce livre je m'aperçois que le lecteur pourrait se tromper sur cet écrivain. M. Pantaleoni, que je défends ici, est lui aussi un représentant de l'*hédonisme* que M. Croce, en se servant de la célèbre image *des deux foyers de l'ellipse*, voudrait concilier avec le marxisme ; il est même un représentant extrême de cette école. M. Pantaleoni va si loin qu'au début de son cours semestriel à l'Université de Genève (Conf. sa *leçon d'ouverture* reproduite dans le no de novembre 1898 du *Giornale degli Economisti*, pp. 407-431) il chasse complètement de l'histoire de la science — qui n'a pas à faire mention des erreurs ! — le nom de Marx (*ibid.*, p. 427). Il a d'ailleurs une assez mauvaise opinion des socialistes et des socialistes italiens en particulier ; il les tient pour des fous et des violents qui ressemblent étrangement à des malfaiteurs. (*Conf.* sa lettre du 12 août dernier, pp. 101-110 de la brochure du prof. Pareto : *La Liberté économique et les Evénements d'Italie*, Lausanne, 1898, et notamment les pag. 103 et suiv.).

capital comme provenant du degré différent d'utilité des biens présents et des biens futurs ».

Mais est-ce que, pour passer le temps, vous voulez construire une petite farce idéologique ainsi conçue : on prend, d'un côté, l'attente légitime du créancier, et, d'un autre côté, l'honnête promesse du débiteur ; ces deux attributs psychologiques, qui font tant d'honneur à l'excellence de leur caractère, sont longuement expliqués ; puis, on suppose que le débiteur et le créancier sont des *homines oeconomici*, aussi parfaits qu'il est nécessaire qu'ils le soient du moment qu'ils sont nés avec les diagrammes de Gossen imprimés dans leur cerveau (1) ; puis, on ajoute la notion du temps abstrait ; et, ayant construit la sainte trinité : attente, promesse et temps, on attribue à cette trinité la vertu de se transformer en ce *supplément de valeur*, qui doit se trouver, par exemple, dans les souliers produits avec l'argent emprunté, pour que l'emprunteur, finalement, et tout en faisant lui-même un certain gain s'il ne veut pas mourir de faim, *solvat debitum cum usura*. C'est la science mise au supplice. En réalité, le temps, dans l'économie comme dans la nature, n'est pas autre chose que la mesure d'un processus : et il est dans l'économie la mesure du processus de la *production* et de la *circulation* — (c'est-à-dire, en dernière analyse et après l'ana-

(1) Sur ces diagrammes je rappelle la forte critique si pénétrante de M. Lexis (conf. l'art. *Grenznutzen*, dans le vol. I. du *Supplement-Band* de l'*Handwörterbuch* de Conrad).

lyse nécessaire, du *travail*). — Et ce n'est qu'en tant qu'il entre dans l'économie à ce point de vue que le temps est également mesure de l'intérêt. Un temps qui, en tant que temps, agit comme une cause réelle, c'est un mythe (sur les survivances mythiques dans la représentation du temps il faut lire : *Zeit und Weile* dans les *Ideale Fragen* de M. Lazarus, Berlin, 1878, pag. 161-232). Si nous devons remonter jusqu'à la mythologie, replaçons immédiatement en haut dans le ciel, au delà de l'Olympe, le très vieux *Kronos*, que le peuple chez les Grecs confondait avec le *chronos* (temps) : et si les espérances, les attentes et les promesses sont par elles-mêmes des causes réelles des faits économiques, revenons à la *magie*.

M. Croce y touche lorsqu'il écrit (pag. 16) : « Et si dans l'hypothèse de Marx les *marchandises apparaissent* comme des *concrétions de travail* ou du *travail cristallisé*, pourquoi, dans une autre hypothèse, ne pourraient-elles pas apparaître comme des *concrétions de besoins*, ou des *quantités de besoins cristallisés?* » Grands dieux ! Marx n'a jamais été véritablement un modèle de ce qu'on appelle la forme classique, notamment en ce qui concerne la plasticité, la clarté et la continuité des images. Marx a été un *seicentista* (1). Mais ses

(1) Ce mot n'a rien de méprisant. On appelle, en Italie, *seicentismo*, cette forme de la prose qui correspond en partie à ce qu'est Bernini dans le modelage et dans l'architecture.

images, souvent bizarres, mais qui ne sont jamais ni capricieuses, ni facétieuses, disent toujours quelque chose de profondément réaliste. Si cette image de la cristallisation, qui n'a d'ailleurs rien d'obligatoire ni de sacramentel pour personne, vous vous en servez devant le premier cordonnier venu, celui-ci, faisant allusion peut-être à ses mains calleuses, à son dos voûté, et à la sueur de son front, répondra qu'il a à peu près compris, parce que dans les souliers qu'il confectionne, il met un peu de lui-même, ses énergies mécaniques, dirigées par la volonté, c'est-à-dire dirigées par l'attention volontaire, d'après la forme préconçue dans laquelle se résume son activité cérébrale, en tant qu'elle est en activité dans son travail. Mais jusqu'ici les sorciers seuls ont pu croire ou faire croire qu'avec les désirs seuls on peut conglutiner une partie de nous-même dans un bien quelconque.

Il n'est pas permis de plaisanter avec la psychologie. Je ne saurais dire en quelques mots ce qu'il en doit entrer dans les postulats de l'économie. Je sais cependant que la plupart des concepts psychologiques que les *hédonistes* et les *non-hédonistes* font entrer dans l'économie, semblent être là *ad usum delphini*, comme par l'effet d'une combinaison factice et non d'une recherche scientifique, et avoir été empruntés un peu au hasard à la terminologie vulgaire. Donc : *tractent fabrilia fabri*. Et je sais aussi que du *besoin* au *travail* il y a toute la formation psychologique de l'homme ; il y a tout ce qui sépare le sentiment privatif de la soif, c'est-à-dire le besoin de boire, que le petit enfant n'associe pas encore, non pas aux mouvements qu'il faut faire pour avoir de quoi boire, mais pas même à la représentation de l'eau, jusqu'à l'acte de l'ouvrier habile, qui, grâce à une volonté intelligente et mûrie, grâce à une volonté dans laquelle l'expérience et l'imagination, l'imitation et l'invention ne font qu'un, creuse un puits ou découvre une source. Ce fut le défaut principal de la psychologie *vulgaris* de réduire cette formation vivante à une aride nomenclature, et c'est cela que le plus souvent les économistes, même de nos jours, prennent comme prémisse pour leurs élaborations spéciales. La *psychologie du travail*, qui serait le couronnement de la doctrine du déterminisme, reste encore à écrire.

A quoi bon ce *post-scriptum ?* se demandera peut-être le lecteur. Voici : je ne suis point le paladin de Marx, et j'accepte toutes les critiques, je suis moi-même un critique dans tout ce que j'écris, et je ne donne pas un démenti à la sentence : *comprendre c'est dépasser* (1) ; — mais il me faut ajouter, cependant, que *dépasser c'est avoir compris.*

(1) Conf. *Essais*, pag. 112.

(traduit par A. Bonnet).

APPENDICE I

NÉGATION DE LA NÉGATION

(Extrait de l'*Antidühring* d'Engels, pp. 137-146 de la 3e édit., Stuttgart, 1894).

Mais qu'est-ce donc que cette terrible *négation de la négation*, pour laquelle M. Dühring se fait tant de mauvais sang, si bien que c'est là pour lui la faute impardonnable, tout comme dans le christianisme le péché contre l'*esprit saint ?*

La négation de la négation est un procédé fort simple et d'application courante dans la vie pratique de chaque jour ; et il n'y a pas d'enfant au monde qui ne puisse comprendre ce procédé, dès qu'on réussit à le dépouiller des apparences mystérieuses dans lesquelles il plut à la vieille philosophie idéaliste de l'envelopper, et dans lesquelles il est utile aux métaphysiciens boiteux, à la manière de M. Dühring, de le tenir encore enveloppé.

Prenons un grain d'orge. Des billions et des billions de grains semblables sont continuellement écrasés, bouillis, mis en fermentation pour en faire de la bière, et être finalement consommés.

13.

Mais si un de ces grains rencontre les conditions normales favorables, c'est-à-dire s'il tombe sur un terrain convenable, il se produit en lui, sous l'action de la chaleur et de l'humidité, une altération particulière, c'est-à-dire il germe : le grain comme tel disparaît, c'est-à-dire est nié, et à sa place naît la plante, qui lui doit son origine, comme négation du grain. Mais quel est le processus normal vital de cette plante ? Elle grandit, elle fleurit, elle est fécondée et finalement elle produit de nouveau des grains d'orge ; et dès que ceux-ci sont arrivés à maturité, la tige meurt, c'est-à-dire est niée. Nous avons, enfin, ce résultat de la négation de la négation, le grain d'orge initial, mais multiplié par dix, par vingt, par trente. Les céréales varient très lentement, de sorte que celles d'aujourd'hui ressemblent presque complètement à celles d'il y a cent ans. Si, au contraire, nous prenons certaines plantes d'ornement, comme les dahlias et les orchidées, et si nous prenons soin des graines et des plantes, que celles-ci produisent, d'après les principes de l'art de l'horticulteur, nous obtenons, comme résultat de cette négation de la négation, non seulement des graines en plus grand nombre, mais même des graines de meilleure qualité, qui produisent des fleurs plus belles, et, à chaque renouvellement du processus, et à chaque négation de la négation, le perfectionnement avance d'un degré.

Nous constatons ce même processus chez les insectes, et, par exemple, chez les papillons. Ceux-ci naissent de l'œuf grâce à la négation de l'œuf lui-même, ils subissent leurs métamorphoses jusqu'à acquérir l'aptitude génératrice, ils s'accouplent et sont de nouveau niés ; puis ils meurent aussitôt l'acte de la génération accompli et dès que la femelle a déposé ses innombrables œufs.

Que pour d'autres plantes et pour d'autres animaux le *processus* ne se fasse pas d'une façon aussi simple, de sorte que, non pas une fois, mais plusieurs fois avant de mourir, ils produisent des graines, des œufs, des petits, cela ne nous importe point en ce moment. Nous avons simplement voulu montrer que la négation de la négation *existe réellement* dans les deux règnes du monde organique. De plus, toute la géologie est une véritable série de négations niées, c'est-à-dire une série de ruines qui se succèdent, et de nouvelles couches de formations minérales. Tout d'abord la croûte terrestre, produite par le refroidissement de la masse gazeuse, est rompue par l'action des eaux, par l'action météorologique et chimico-météorique, et les matériaux ainsi réduits en morceaux se déposent au fond des mers. Les soulèvements locaux du fond de la mer exposent certaines parties de ces gisements primitifs à l'action de la pluie, des variations de la chaleur avec le changement des saisons, et de l'oxygène et du carbone de l'atmosphère. Ces mêmes influences agissent sur les masses rocheuses qui ont traversé la croûte terrestre en brisant les couches, c'est-à-dire les masses qui étaient d'abord en état de fusion et qui se sont ensuite refroidies. Pendant des millions de siècles de nouvelles couches se sont continuellement formées ; et celles-ci ont été la plupart du temps à leur tour détruites pour être employées, ensuite, comme matériaux de nouvelles formations. Mais le résultat est véritablement positif : c'est-à-dire qu'il se forme un terrain composé des éléments chimiques les plus variés, dans un état de friabilité mécanique qui est apte à donner lieu à une végétation abondante et multiforme.

On peut en dire autant des mathématiques. Soit une grandeur, exprimons-la algébriquement par a. Nions-la et nous aurons — (moins) a. Si nous nions cette négation, en multipliant $-a$ par $-a$, nous avons $+a^2$, c'est-à-dire la grandeur positive primitive, mais élevée d'un degré, c'est-à-dire à la seconde puissance. Encore ici il importe peu que nous puissions obtenir cette même expression a^2 en multipliant le positif a par le positif a. La négation niée est si inhérente à l'expression a^2, que celle-ci, dans tous les cas, a toujours deux racines carrées, a et *moins* a.

L'impossibilité où nous nous trouvons d'éliminer du carré la racine négative, c'est-à-dire la négation niée, acquiert une importance significative dans les équations quadratiques. La négation de la négation se révèle d'une façon plus nette et plus frappante dans l'analyse, c'est-à-dire « dans cette somme de grandeurs toujours infiniment plus petites », comme dit M. Dühring pour parler de la plus haute opération des mathématiques, c'est-à-dire pour désigner, en définitive, en d'autres mots ce qu'on appelle d'ordinaire le calcul intégral et le calcul différentiel. Comment se développent ces opérations de calcul ? J'ai, par exemple, dans un problème donné, deux grandeurs variables x et y, dont aucune ne peut varier sans que l'autre ne varie en même temps, d'après des rapports déterminés. Je différentie x et y, c'est-à-dire je suppose que x et y soient si infiniment petits qu'ils disparaissent comparés à toute grandeur qui, posée comme aussi petite que possible, est toujours considérée comme réellement existante, de sorte qu'il ne reste de x et y que leur relation réciproque, je dirais presque sans aucun fondement matériel, — un rapport quantitatif sans la quantité. L'expression $\frac{dy}{dx}$, — c'est-à-dire le rapport des différentielles de x et de y — est donc $= \frac{o}{o}$; mais c'est un $\frac{o}{o}$ posé comme expression de $\frac{y}{x}$. Je remarque ici en passant que le rapport de deux grandeurs arrivées à *épuisement*, c'est-à-dire la fixation du moment de leur disparition, implique une contradiction ; mais cela n'importe, et cela n'a pas empêché les mathématiques de faire des progrès depuis deux siècles. Mais qu'ai-je donc fait sinon nier x et y ? — et je n'ai pas nié, comme le fait la *métaphysique*, qui omet, c'est-à-dire néglige, ce qu'elle nie, mais j'ai nié comme et autant qu'il importe à notre but. J'ai maintenant à la place de x et de y leur négation, c'est-à-dire dx et dy dans leurs formules, ou mieux dans leurs équations. Je continue à opérer sur ces formules, je traite dx et dy comme des grandeurs réelles, qui sont cependant soumises à certaines lois peu ordinaires, et à un certain moment *je nie la négation*, c'est-à-dire j'intègre la formule différentielle, et j'obtiens, au lieu des formules dx et dy, de nouveau les grandeurs réelles x et y, mais je ne suis plus au même point d'où j'étais parti, parce que j'ai résolu un problème, qu'avaient vainement essayé de résoudre la géométrie et l'algèbre ordinaire.

L'histoire ne procède pas autrement. Tous les peuples actuellement civilisés, ont commencé par la propriété commune de la terre. Pour tous les peuples qui dépassent dans une certaine mesure cet état originaire, lorsque l'agriculture se développe, cette propriété commune de la terre devient une entrave à la production. Elle fut abolie, c'est-à-dire niée, et après des phases intermédiaires plus ou moins longues, elle fut transformée en propriété privée. Mais dans une phase ultérieure du développement de l'agriculture, qui est elle-même un produit de la propriété privée du sol, cette même propriété privée devient une entrave à la production ; c'est le cas aujourd'hui pour la grande comme pour la petite propriété. Actuellement existe, avec l'urgence de la nécessité, le besoin de la nier. Mais cette exigence nouvelle ne signifie pas rétablissement de la propriété communiste primitive : bien plus cela signifie constitution d'une forme de possession en commun plus haute et plus développée, qui, au lieu d'être une entrave à la production, lui donne au contraire plein essor et la met en mesure de tirer profit des découvertes de la chimie moderne et des inventions de la mécanique. Voici un autre exemple. La philosophie antique fut un matérialisme spontané et immédiat. Comme telle cette philosophie ne pouvait se rendre compte des rapports de la pensée et de la matière. Le besoin de se rendre compte de ces rapports fit naître la doctrine d'une âme séparée du corps, et puis celle de l'immortalité de l'âme elle-même, et enfin le monothéisme. Le matérialisme ancien a donc été nié par l'idéalisme. Mais, avec le développement ultérieur de la philosophie, l'idéalisme lui aussi est devenu insoutenable, et il a été nié par le matérialisme moderne. Ce matérialisme, qui est la négation de la négation, n'est pas la simple réapparition du matérialisme ancien, mais il ajoute aux fondements stables de celui-ci tout ce qui est contenu dans cette pensée, qui est le produit du développement de la philosophie et de la science de la nature après deux mille ans, comme elle est aussi le produit de l'histoire elle-même de ces deux mille ans. Il n'est plus une *philosophia ut sic*, mais une simple *intuition du monde*, qui doit s'arrêter et se réaliser non pas dans une *science des sciences*, comme une chose existant d'elle-même, mais dans les diverses sciences positives. La philosophie est donc ainsi « *aufgehoben* » (1), c'est-à-dire en même temps *dépassée et conservée* : dépassée quant à la forme, et conservée quant au contenu réel. Là donc, où M. Dühring ne voit qu'un *jeu de mots*, en y regardant de près, nous trouvons un contenu réel.

Enfin la *théorie égalitaire* de Rousseau elle-même, dont la théorie de M. Dühring n'est qu'une pâle contrefaçon, ne se serait jamais produite, si la décriée négation de la négation au sens Hegelien — et, en vérité, cela s'est produit quelque vingt ans avant que Hegel ne vînt au monde — ne lui avait porté secours comme fait l'accoucheuse à ceux qui vont naître. Et cette doctrine, loin d'avoir honte de cela, porte dans ses premiers exposés pompeusement au front l'empreinte de son origine dialectique. Dans l'état de nature, c'est-à-dire dans l'état sauvage, les hommes étaient tous égaux : — et, comme Rousseau considère déjà le langage comme une altération de l'état de nature, il a parfaitement raison d'étendre l'égalité parfaite, propre aux animaux

(1) C'est le participe passé de ce verbe *aufheben*, dont j'ai expliqué le sens amphibologique dans la note de la page 62.

d'une espèce déterminée, même à cette espèce hypothétique d'hommes simplement animaux, que Häckel appelle en effet *alales*, c'est-à-dire non parlants. Mais ces hommes-animaux, complètement égaux entre eux, avaient sur tous les animaux l'avantage d'un attribut spécial : la perfectibilité, c'est-à-dire la faculté de se développer ultérieurement. — et c'est là la cause de l'inégalité. C'est ainsi que Rousseau vit un progrès dans l'origine de l'inégalité. Mais ce progrès était en soi antagoniste : il était donc en même temps un regrès. « Tous les progrès ultérieurs (— il veut parler de ce qui a suivi l'état primitif —) ont été en apparence autant de pas vers le *perfectionnement* de l'individu et, en effet, vers la *décrépitude de l'espèce*.... La métallurgie et l'agriculture furent les deux arts dont l'invention produisit cette grande révolution » (— c'est-à-dire la transformation des forêts vierges en champs cultivés, mais en même temps l'introduction de la misère et de l'asservissement de l'homme à l'homme par la propriété —). « Pour le poète, c'est l'or et l'argent ; mais pour le philosophe, ce sont le fer et le blé qui ont civilisé *les hommes* et perdu *le genre humain* » — A chaque nouveau progrès de la civilisation correspond un nouveau progrès de l'inégalité. Toutes les institutions dont s'enrichit la société née de la civilisation, se changent dans le contraire de l'intention primitive. « Il est donc incontestable, et c'est la maxime fondamentale de tout le droit politique, que les peuples se sont donné des chefs pour défendre leur liberté et non pour les asservir ». Et cependant ces princes deviennent nécessairement les oppresseurs des peuples, et poussent cette opposition jusqu'au point où l'inégalité, portée aux extrêmes, se change en son contraire et devient cause de l'inégalité : — devant le despote ils sont tous égaux, c'est-à-dire égaux à rien. « C'est ici le dernier terme de l'inégalité et le *point extrême qui ferme le cercle et touche au point d'où nous sommes partis* : c'est ici que tous les particuliers redeviennent égaux, parce qu'ils ne sont rien et que les sujets n'ont plus d'autre loi que la volonté du maître ». Mais le despote n'est maître qu'aussi longtemps qu'il est le plus fort, et partant « sitôt qu'on peut l'expulser, il n'a point à réclamer contre la violence...... La seule force le maintenant, la seule force le renverse : toutes choses se passent ainsi selon l'ordre naturel ». Et ainsi l'inégalité se convertit de nouveau en égalité, mais ce n'est pas en cette égalité originairement naturelle de l'homme sans langage, mais dans l'égalité supérieure du contrat social. Les oppresseurs subissent l'oppression, et c'est la négation de la négation.

Nous voici devant un ordre de pensées, avec Rousseau, qui correspond admirablemant à celui que Marx a suivi dans le *Capital*, et qui même dans les détails emploie un grand nombre de ces développements dialectiques que Marx emploie : —

voici les processus qui de leur nature sont antagonistes et renferment en eux une contradiction, voici le reploiement d'un point extrême sur son contraire, et enfin, comme le centre de tout, la négation de la négation. Et si Rousseau en 1754 n'était pas encore en mesure de parler le jargon de Hegel, il était néanmoins, 23 ans avant la naissance de Hegel, fortement infecté de la contagion hégéliene (1).

. . . .

Qu'est-ce donc que la négation de la négation? Une loi très générale, très importante et de la plus grande extension dans tout le développement de la nature, de l'histoire et de la pensée: — une loi, comme nous l'avons vu, que nous pouvons rencontrer dans le monde animal et végétal, dans la géologie, dans les mathématiques, dans l'histoire et dans la philosophie. . . . .

Il va de soi que je ne dis rien de positif sur le processus *spécifique* du développement que le grain d'orge parcourt depuis sa germination jusqu'à la mort de la plante qui a porté un nouveau fruit, aussi longtemps que je me contente de dire: négation de la négation. Parce que, comme le calcul intégral est lui aussi un négation de la négation, il

(1) Nous omettons ici un passage qui ne peut être compris que si l'on a pu lire tout l'*Antidühring*.

me faudrait, si on s'en tenait aux généralités, affirmer cette absurde proposition : le processus biogénétique d'une tige d'orge est un calcul intégral, ou même le socialisme, pour aller aux extrêmes du ridicule. C'est là la façon subreptice dont les métaphysiciens altèrent la dialectique. Quand je dis de tous ces processus qu'ils sont la négation de la négation, je les embrasse tous ensemble sous une unique loi évolutive, et par cela même je fais abstraction des particularités de chaque processus particulier. La dialectique n'est pas autre chose que la science des lois du mouvement et du développement de la nature, de la société et de la pensée.

Mais on pourrait objecter que ce n'est pas là la véritable négation proprement dite ; — je nie aussi un grain d'orge si je l'écrase, et je nie aussi un insecte si je le piétine, et je nie aussi la grandeur positive *a* si je la biffe, et ainsi de suite. Ou bien je nie la proposition : la rose est une rose, en disant : la rose n'est pas rose ; et qu'en résulterait-il si, niant de nouveau cette négation, je dis encore une fois : cette rose est néanmoins une rose ? — Ces objections sont, en vérité, les principaux arguments des métaphysiciens contre la dialectique, et ils sont bien dignes d'une aussi auguste manière de penser. Nier ne veut pas dire, dans la dialectique, prononcer simplement un non, ou déclarer qu'une chose n'existe pas, ou la détruire de n'importe quelle manière. Déjà Spinosa déclare : *omnis determinatio est negatio*, c'est-à-dire toute délimitation ou détermination est en même temps une négation. De plus, cette espèce de négation est déterminée et par le caractère général et par le caractère spécial du processus lui-même. Je dois non seulement nier mais de nouveau *lever (aufheben)* la négation. Je dois conduire la première négation de façon que la seconde demeure, ou devienne possible. Et comment cela ? D'après la nature spécifique de chaque cas. Si je mouds le grain ou si j'écrase l'insecte, je fais la première, mais je rends impossible la seconde négation. Chaque genre de chose a son mode particulier de comporter la négation pour qu'un développement en résulte ; — et il en est de même de chaque genre de représentation et de pensée. Dans le calcul intégral on nie d'une autre façon que celle qui est nécessaire pour constituer des puissances positives au moyen des racines négatives. Il faut apprendre cela, comme on apprend toute autre chose. Si je sais seulement que les grains d'orge comme le calcul intégral subissent la négation de la négation, je ne serai pas pour cela apte à produire de l'orge ou à intégrer ; de même que je ne sais pas jouer du violon quand je connais simplement les lois générales suivant lesquelles les dimensions des cordes déterminent la hauteur et le coloris des sons. — Il est évident que le passe-temps enfantin qui consiste à poser *a* et à biffer *a*, et à dire successivement qu'une rose est et n'est pas une rose, ne démontre rien que la stupidité de celui qui se plaît à ces ennuyeux exercices . . . .

. . . .

Donc, c'est M. Dühring seul qui se mystifie quand il affirme que la négation de la négation est une sotte analogie inventée par Hegel à l'imitation de la religion et même de l'histoire de la première chute et de la rédemption. Les hommes ont pensé dialectiquement bien longtemps avant de savoir ce que c'est que la dialectique, de même qu'ils parlaient en prose avant de connaître ce terme. La loi de la négation de la négation, qui se développe inconsciemment dans la nature et dans l'histoire, et même dans nos têtes jusqu'à ce que nous arrivions à la reconnaître, a été formulée, et seulement formulée par Hegel, et pour la première fois avec le maximum de précision. Et si M. Dühring veut, en cachette, continuer à l'employer, et que le nom seul le choque, qu'il en trouve un autre. Mais s'il veut chasser de la pensée la chose elle-même, qu'il tâche d'abord de la chasser de la nature et de l'histoire, et qu'il invente une mathématique dans laquelle $-a$ multiplié par $-a$ ne donne pas $+a^2$, et dans laquelle, sous peine de mort, il soit défendu à quiconque de différentier et d'intégrer.

APPENDICE II (1)

Londres, 21 septembre 1890.

Votre lettre (2) du 5 courant m'a suivi à Folkestone; mais comme je n'avais pas là le livre dont il s'agit, il m'a été impossible de vous répondre. A mon retour à Londres, le 12, je me suis trouvé devant une telle quantité de travail urgent, que je n'ai pu vous écrire quelques lignes qu'aujourd'hui. Connaissant la cause de mon retard vous voudrez bien l'excuser.

Premièrement vous pouvez voir dans l'*Origine de*

(1) La traduction des trois lettres que nous reproduisons dans cet appendice a paru dans le n° de mars 1897 du *Devenir Social*.

(2) Cette lettre a paru dans *Der soxialistishe Akademiker* du 1er octobre 1895 Elle répond aux deux questions suivantes : 1° Comment se fait-il qu'après la disparition de leur famille consanguine, des mariages entre frères et sœurs aient eu lieu chez les Grecs, et n'aient pas été considérés comme incestueux, ainsi qu'en témoigne cette phrase de Cornélius Népos : « Neque enim Cimoni fuit turpe, Atheniensium summo viro, sororem germanam habere in matrimonio, quippe quum cives eius eodem uterentur institutio » ; 2° Comment faut-il comprendre le principe fondamental de la conception matérialiste de Marx et d'Engels ? Le mode de production et de reproduction de la vie est-il le seul moment déterminant, ou n'est-il que la base de tous les autres rapports réellement agissants. (*Note du trad*).

la famille, etc., p. 19 (p. 31 de la traduction française), que la famille punaluenne s'est formée si lentement que, même encore dans notre siècle. on a vu des mariages se conclure entre frères et sœurs (de la même mère) dans la famille royale de Hawaï. Dans toute l'antiquité nous trouvons des exemples de mariage entre frères et sœurs, par exemple chez les Ptolémées. Mais ici il faut distinguer, secondement, entre les frères et les sœurs du côté maternel et ceux du côté paternel ; ἀδελφός, ἀδελφή dérivent de δελφύς matrice, et, par suite, ne désignent originairement que les frères et sœurs du *côté maternel*. Après la disparition du matriarcat le sentiment s'est encore longtemps conservé que les enfants d'une même mère, même de pères différents, sont plus proches les uns des autres que les enfants d'un même père mais de mères différentes. La forme punaluenne de la famille n'interdit le mariage qu'entre les premiers et nullement entre les seconds, qui, d'après la conception qui y correspond, *ne sont même pas apparentés* (le matriarcat étant en vigueur). Les exemples de mariage entre frères et sœurs que l'on peut trouver dans l'antiquité grecque, à ma connaissance, se rapportent à des individus qui sont, ou bien nés de mères différentes, ou dont la parenté était inconnue, partant leur mariage n'est pas empêché ; ils ne sont donc pas contraire à la coutume punaluenne. Vous n'avez pas remarqué aussi qu'entre l'époque punaluenne et la monogamie grecque se place le passage du matriarcat au patriarcat, ce qui change considérablement les choses.

D'après Wachsmuth il n'y a, chez les Grecs des temps héroïques, « pas de trace de scrupule à cause de la trop proche parenté des époux, sauf les rapports des pères et des mères aux enfants (*Hellen. Alterthümer*, III, p. 156) ». « En Crète il n'était pas choquant d'épouser sa sœur corporelle (*leiblich*) » (*ibid.*, p. 170). Ce dernier fait est emprunté à Strabon, livre X, mais je ne puis retrouver immédiatement le passage à cause du manque de division en chapitres. — Par sœur *corporelle* j'entends jusqu'à preuve contraire, la sœur du côté paternel.

Je modifierais ainsi votre première proposition : d'après la conception matérialiste de l'histoire, la production et la reproduction de la vie matérielle sont, *en dernière instance*, le moment déterminant de l'histoire. Marx et moi n'avons jamais prétendu davantage. Lorsqu'on dénature cette proposition ainsi : le moment économique est le *seul* déterminant, on transforme cette proposition en une phrase vide de sens, abstraite, absurde. La situation économique est la base, mais les différents moments de la superstructure — formes politiques de la lutte des classes et ses résultats — constitutions imposées par la classe victorieuse après la bataille gagnée, etc. — formes juridiques, — et aussi les reflets de toutes ces luttes réelles dans le cerveau de ceux qui y participent, théories politiques, juridiques, philosophiques, conceptions religieuses et leur développement ultérieur en systèmes de dogmes, — ont aussi leur influence sur la marche des luttes historiques et en déterminent dans bien des cas surtout la *forme*. Tous ces moments agissent les uns sur les autres, et finalement le mouvement économique finit nécessairement par l'emporter à travers la foule infinie des hasards (c'est-à-dire de choses et d'événements dont l'enchaînement intime est si éloigné ou si indémontrable que nous pouvons le tenir pour non existant, et le négliger). Sans cela l'application de la théorie à une période historique quelconque serait plus facile que la résolution d'une simple équation du premier degré.

Nous faisons nous-mêmes notre histoire, mais en premier lieu dans des circonstances et des conditions très déterminées. Parmi elles, les conditions économiques sont finalement les conditions décisives. Mais les conditions politiques, etc., même la tradition qui hante la tête des hommes, jouent un rôle, même s'il n'est pas décisif. L'Etat prussien est né et s'est développé lui aussi par suite de causes historiques, en dernière instance économiques. Mais on ne pourrait prétendre sans pédantisme que, parmi les nombreux petits Etats de l'Allemagne du Nord, c'est le Brandebourg qui était destiné par nécessité économique, et non pas aussi par d'autres moments (tout d'abord ses rapports, grâce à la possession de la Prusse, avec la Pologne — ce qui l'entraînait dans la politique internationale, qui est également décisive pour la formation de la puissance de la maison d'Autriche) à devenir la grande puissance dans laquelle s'incorpora la différenciation économique, linguistique, et, depuis la Réforme, religieuse du Nord et du Sud. On arriverait difficilement, sans se rendre ridicule, à expliquer économiquement l'existence de chacun des petits Etats allemands anciens ou contemporains, ou l'origine de la permutation des consonnes du haut allemand, qui fit de la division géographique formée par les montagnes de Sudètes jusqu'au Taunus une véritable déchirure à travers l'Allemagne.

En second lieu, l'histoire se fait de telle sorte que le résultat final résulte toujours du conflit de beaucoup de volontés individuelles, dont chacune est ce qu'elle est par suite d'une foule de conditions particulières ; il y a donc des forces innombrables qui s'entrecroisent, un groupe infini de parallélogrammes des forces, d'où sort une résultante — l'évènement historique — qui, lui-même, peut être considéré comme le produit d'une force agissant, en tant que tout, *inconsciemment* et sans volonté. Car ce que chacun veut est contrarié par chacun des autres, et ce qui arrive c'est quelque chose que personne n'a voulu. C'est ainsi que l'histoire s'est développée jusqu'ici à la façon d'un processus naturel, et s'est trouvé soumise essentiellement aux mêmes lois de mouvement. Mais de ce que les volontés individuelles — dont chacune veut ce à quoi la poussent son tempérament et les circonstances économiques (qu'elles soient personnelles ou sociales) — ne réalisent pas ce qu'elles veulent, mais se fusionnent en une moyenne totale, en une résultante commune, de là il ne faut pas conclure qu'elles doivent être posées comme égales à zéro. Au contraire, chacune contribue à la résultante, et c'est dans ce sens qu'elles y sont comprises.

Je vous prie, d'ailleurs, d'étudier cette théorie dans les sources originales et non dans des exposés de seconde main, ce sera pour vous beaucoup plus facile. Marx n'a presque rien écrit où cette théorie ne joue un rôle. *Der 18 Brumaire des L. Bonaparte* (1) est un exemple achevé de son application. Il y a aussi dans le *Capital* beaucoup d'indications. Je me permets aussi de vous renvoyer à mes ouvrages : *Herrn E. Dühring's Umwälzung der Wissenschaft*, et *L. Feuerbach und der Ausgang der klassischen deutschen Philosophie* (2), où j'ai donné l'exposition la plus complète du matérialisme historique qui existe à ma connaissance.

Si quelques uns des plus récents insistent parfois plus qu'il ne convient sur le côté éco-

(1) Traduit en français par Ed. Fortin, Lille, Delory, 1891.

(2) Traduit en français par Laura Lafargue dans l'*Ère Nouvelle*, avril et mai 1894.

nomique, la faute devrait en revenir en partie à Marx et à moi. Nous avions à affirmer le principe fondamental devant des adversaires qui le niaient, et nous n'avions pas toujours le temps, la place et l'occasion de reconnaître aux autres moments, qui participent à l'action réciproque, les droits qui leur appartiennent. Mais dès qu'il s'agissait d'exposer une période historique, c'est-à-dire d'une application pratique, les choses changeaient et aucune erreur n'était plus possible. Il arrive malheureusement trop souvent qu'on croit avoir complètement compris une théorie nouvelle et pouvoir la manier sans plus, parce qu'on s'est approprié les principes fondamentaux, et encore pas toujours exactement. Je ne peux pas épargner ce reproche à quelques *marxistes* récents, — on fait alors d'étranges choses.

A ce que je vous disais hier (j'écris cette dernière phrase le 22 septembre) j'ai à ajouter ce passage qui confirme pleinement ce que je vous ai écrit : « On sait que les mariages entre frères et sœurs de *mères différentes* n'étaient pas considérés comme incestueux à l'époque historique » (Schœmann, *Griech. Alterthümer*, I, p. 52, Berlin, 1855).

J'espère que le désordre de ma lettre ne vous rebutera pas, et je reste votre dévoué.

F. Engels.

Londres, 27 octobre 1890.

Cher S...,

J'emploie à vous répondre la première heure qui m'est laissée libre (1).

Je crois que vous ferez très bien d'accepter le poste qu'on vous offre à Zurich. Au point de vue économique vous pourrez toujours y apprendre quelque chose, surtout si vous n'oubliez pas que Zurich n'est qu'un marché financier de troisième ordre, et que, par conséquent, les influences qui s'y exercent sont affaiblies en se réfléchissant deux ou trois fois, ou sont faussées intentionnellement. Mais vous vous mettrez pratiquement au courant des rouages, vous serez forcé de suivre les renseignements des bourses de Londres, New-York, Paris, Berlin, Vienne, et le marché du monde se manifestera ainsi pour vous dans son reflet, comme marché d'argent et d'effets. Il en est des reflets économiques, politiques et autres, comme de ceux qui se produisent dans l'œil de l'homme : ils traversent une lentille et se présentent renversés, sur la tête. Seulement dans l'économie manque le système nerveux, qui remet l'image sur ses pieds. Celui qui appartient à un marché financier ne voit le mouvement de l'industrie et du

(1) Cette lettre a été publiée par la *Leipziger Volkszeitung* du 26 octobre 1895.

marché du monde que dans la réflexion intervertissante du marché d'argent et d'effets ; pour lui l'effet devient cause. C'est ce que j'ai déjà vu à Manchester, vers 1840. Au point de vue du mouvement de l'industrie et de ses minima et maxima périodiques, les cours de la bourse de Londres étaient absolument inutilisables, parce que l'on voulait tout expliquer par des crises du marché monétaire, qui n'étaient elles-mêmes que des symptômes. Il s'agissait de démontrer le mal fondé de l'explication de la naissance des crises industrielles par une surproduction temporaire : la chose avait un côté tendancieux et qui invitait à une fausse interprétation. Ce point de vue — au moins pour nous et une fois pour toutes — n'existe plus, et c'est un fait que le marché monétaire peut avoir aussi ses crises spéciales, dans lesquelles les perturbations industrielles directes ne jouent qu'un rôle subordonné, ou n'en jouent même aucun ; voilà bien des points à établir et à étudier, principalement pour l'histoire de ces vingt dernières années.

A la division du travail suivant un mode social correspond, l'*indépendance* réciproque des *travailleurs parcellaires*. La production est, en dernière instance, décisive. Mais dès que le *commerce*, vis-à-vis de la production proprement dite, devient indépendant, il suit un mouvement déterminé dans son ensemble, en somme, par la production, mais qui obéit pourtant, dans ses détails, et dans les limites de cette indépendance générale, à des lois spéciales, qui sont dans la nature même de ce nouveau facteur. Ce mouvement a ses phases propres et influe de son côté sur le mouvement de la production. La découverte de l'Amérique est due à la soif d'argent qui lança déjà auparavant les Portugais en Afrique (Cf. Soetbeer, *Production des métaux précieux*), parce que l'industrie européenne, qui se développa si puissamment aux xive et xve siècles, et le commerce qui y correspondait, exigeaient une plus grande quantité de moyens d'échange, que l'Allemagne — le pays grand producteur d'argent de 1450 à 1550 — ne pouvait plus fournir. La conquête des Indes par les Portugais, Hollandais, Anglais (1500-1800), avait pour but l'*exportation des produits indiens* ; personne ne songeait à y importer quelque chose. Et pourtant quelle répercussion colossale n'eurent pas sur l'industrie ces découvertes et ces conquêtes, déterminées uniquement par des intérêts commerciaux. Ce furent les besoins de l'exportation dans ces pays qui créèrent et développèrent la grande industrie.

Il en est de même pour le *marché monétaire*. Quand il se différencie du commerce des marchandises, le trafic d'argent a — sous certaines conditions fixées par la production et par le commerce des marchandises, et dans la sphère de ces limites — un développement propre, spécial, des lois déterminées par sa nature propre, des phases à part. S'il arrive de plus que le trafic d'argent s'agrandit dans cette évolution et devient commerce d'effets, que ces effets ne soient pas seulement des papiers d'Etat, mais qu'il vienne s'y joindre des actions industrielles et commerciales que le trafic d'argent se ménage un pouvoir direct sur une partie de la production qui le domine, en somme, alors la réaction du trafic d'argent sur la production devient plus forte et plus complexe. Les financiers sont propriétaires des chemins de fer, des mines de charbon, de fer, etc. Ces moyens de production acquièrent dès lors un double caractère. Leur exploitation doit se régler tantôt sur les intérêts de la production immédiate, tantôt sur les besoins des actionnaires, en tant que financiers. L'exemple le plus frappant est fourni par les chemins de fer de l'Amérique du Nord, dont l'exploitation dépend entièrement des opérations de bourse momentanées d'un Jay Gould, d'un Vanderbilt, etc., qui sont totalement étrangères aux intérêts de la voie comme moyen de circulation. Et ici même, en Angleterre, nous avons vu durer pendant des dizaines d'années les luttes entre les différentes compagnies de chemins de fer au sujet de la délimitation de leur réseau, — luttes où se sont dissipées d'énormes sommes d'argent, non pas dans l'intérêt de la production et de la circulation, mais dans une rivalité qui n'avait d'autre but que de permettre des opérations de bourse aux financiers qui possédaient les actions.

Dans ces quelques indications sur la façon dont je conçois le rapport de la production et du commerce des marchandises, et de ceux-ci avec le trafic d'argent, j'ai déjà répondu au fond à votre question sur le *matérialisme historique*. La chose se comprend très facilement du point de vue de la *division du travail*. La société engendre certaines fonctions communes dont elle ne peut se passer. Ceux qui sont choisis pour les exercer forment une nouvelle branche de la division du travail, à *l'intérieur de la société*. Ils acquièrent ainsi des intérêts distincts, même par rapport à leurs mandants, ils se séparent d'eux et voilà l'*Etat*. Alors il se passe ce qui s'est passé dans le commerce des marchandises et plus tard dans le trafic d'argent Cette nouvelle puissance distincte suit, en somme, le mouvement de la production, mais elle réagit aussi sur les conditions et la marche de la production, en vertu de l'autonomie relative qu'elle possède, c'est-à-dire que, une fois constituée, elle tend toujours résolument vers un plus grand développement. Il y a *action réciproque* de deux forces *inégales* : action du mouvement économique ; action de la puissance nouvelle, de la puissance politique, tendant à toute l'autonomie possible, et qui, une fois établie, est douée elle aussi d'un *mouvement propre*. Le mouvement économique l'emporte en somme, mais il doit subir la répercussion du mouvement politique, créé par lui, doué d'une autonomie relative, qui se manifeste d'une part dans la puissance de l'Etat, et de l'autre dans l'opposition, née avec cette dernière.

De même que le mouvement du marché industriel se réfléchit dans son ensemble, et sous les réserves faites plus haut, sur le marché financier et naturellement *en se renversant*, de même la lutte des classes existant déjà auparavant se réfléchit dans la lutte entre le gouvernement et l'opposition, mais également en se renversant. La réflexion n'est plus directe, mais indirecte, elle ne se présente plus comme une lutte de classe, mais comme une lutte pour des *principes politiques*, et la réflexion est si bien renversée qu'il a fallu des milliers d'années pour que nous puissions la pénétrer.

La réaction de la puissance de l'État sur le développement économique peut prendre trois formes : elle peut agir dans le même sens, le mouvement devient alors plus rapide ; elle peut agir en sens contraire, alors, à la longue dans les grandes nations, elle se détruit ; ou bien elle peut supprimer ou favoriser certaines tendances de l'évolution économique. Ce dernier cas se réduit facilement à l'un des deux autres. Mais il est clair que dans le deuxième et dans le troisième, la puissance politique peut être très contraire au développement économique, et créer des gaspillages énormes de force et de matière.

Ajoutez à cela le cas d'une conquête et d'une destruction brutale de ressources économiques, qui, dans certaines conditions, pouvait anéantir jadis tout un développement économique local ou national. Aujourd'hui ce cas a souvent des effets complètement opposés, au moins chez les grands peuples : quelquefois le peuple vaincu gagne à la longue, sous le rapport économique, politique et moral, plus que le vainqueur. Même chose pour le droit : quand la nouvelle division du travail rend nécessaire l'apparition de *juristes de profession*, un nouveau domaine indépendant s'ouvre, qui, bien qu'il dépende en général de la production et du commerce, possède pourtant une puissance spéciale de réaction vis-à-vis de ces derniers. Dans un état moderne ce droit ne doit pas seulement traduire l'état économique général, être son expression, mais être encore une expression *cohérente*, sans contradictions intrinsèques : pour arriver à ce but, l'exactitude de la réflexion des conditions économiques disparaît de plus en plus. D'autant qu'il arrive rarement qu'un code soit l'expression tranchante, pure, sincère de la suprématie d'une classe : — ce serait déjà contraire à l' « *idée de droit* ». La notion du droit, pure, conséquente, de la bourgeoisie de 1792-1796 est déjà faussée en plus d'un côté dans le code Napoléon, et en tant qu'il en est pénétré, elle doit subir tous les jours des atténuations dues à la puissance croissante du prolétariat. Cela n'empêche pas le code Napoléon d'être le fond de toutes les nouvelles codifications de toutes les parties du monde. La marche de l' « évolution du droit » consiste en grande partie, d'abord dans l'effort fait pour supprimer les contraditions résultant de la traduction immédiate des rapports économiques en principes juridiques, et pour établir un système juridique harmonique ; puis dans l'influence et dans la contrainte du développement économique toujours plus considérable qui rompent continuellement ce système et le compliquent de nouvelles contradictions (je ne parle ici que du droit civil).

La réflexion des rapports économiques en principes juridiques est nécessairement renversée. Elle se fait sans devenir consciente ; le juriste s'imagine opérer avec des propositions *a priori*, quand ce ne sont que des reflets économiques — ainsi tout est renversé. Il me paraît aller de soi, que cette interversion, qui constitue, tant qu'elle n'est pas reconnue, ce que nous appelons la *conception idéologique*, *réagit* de son côté sur la base économique et peut la modifier dans certaines limites. Le fondement du droit de succession, supposant un égal degré de développement de la famille, est économique. Pourtant il serait difficile de montrer que, par exemple, en Angleterre la liberté absolue de tester, en France sa forte limitation, n'ont dans tous les détails que des causes économiques. Elles réagissent toutes d'eux d'une façon très importante sur l'économie, parce qu'elles influent sur la répartition des biens.

Pour ce qui concerne les sphères idéologiques, encore plus éthérées, la *religion*, la *philosophie*, etc., elles ont un contenu préhistorique, hérité et adopté par la période historique — un contenu absurde, dirions-nous maintenant. Ces différentes représentations erronées de la nature, de la constitution même de l'homme, d'esprits, de forces mystérieuses, n'ont qu'un fondement économique négatif : le faible développement économique de la période préhistorique a pour complément, et partiellement pour condition et même pour cause les fausses représentations de la nature. Et quand bien même le besoin économique aurait été le ressort principal de la connaissance toujours croissante de la nature, il n'en serait pas moins pédantesque de chercher des causes économiques à toute cette absurdité préhistorique.

L'histoire des sciences est l'histoire de la destruction de cette absurdité, ou plutôt de son remplacement par une nouvelle absurdité, mais du moins petit à petit moins absurde. Les gens qui se livrent à ce travail appartiennent encore à de nouvelles sphères de la division du travail, et se conduisent comme s'ils mettaient en œuvre un domaine indépendant. Et dans la mesure où ils forment un groupe indépendant à l'intérieur de la division du travail social, leurs productions, y compris leurs erreurs, ont une influence de réaction sur tout le développement social, même sur le développement économique. Mais malgré tout, ils sont eux-mêmes sous *l'influence dominante de l'évolution économique.* On peut le montrer très facilement, par exemple, pour la période bourgeoise. Hobbes fut le premier matérialiste moderne (dans le sens du XVIIIe siècle); mais il était partisan de l'absolutisme à l'époque où la monarchie absolue était dans tout son épanouissement dans l'Europe entière. Locke était, en religion comme en politique, le fils du compromis de 1688. Les déistes anglais et leurs successeurs plus conséquents, les matérialistes français, étaient les véritables philosophes de la bourgeoisie — les Français l'étaient de la révolution bourgeoise. Le petit bourgeois allemand traverse la philosophie allemande de Kant à Hégel, tantôt positivement tantôt négativement. Mais la philosophie de chaque époque a, comme sphère spéciale de la division du travail, un certain ensemble d'idées qui lui a été laissé par ses prédécesseurs et qu'elle prend comme point de départ. C'est ce qui fait que des pays économiquement en retard jouent pourtant le premier rôle en philosophie : la France au XVIIIe siècle par rapport à l'Angleterre, sur la philosophie de laquelle les Français se fondaient : et plus tard l'Allemagne par rapport à ces deux pays. Mais en France comme en Allemagne la philosophie était aussi, comme l'épanouissement littéraire de l'époque, le résultat d'un essor économique. La suprématie définitive du développement économique est donc également manifeste sur ce terrain encore, mais dans des conditions déterminées par ce terrain même : par exemple, en philosophie, par les influences économiques (qui presque toujours agissent d'abord sur la forme politique, etc.) sur le matériel philosophique existant, fourni par les prédécesseurs. L'*Économie* ne crée rien immédiatement par elle-même, mais elle détermine le *mode de variation* et le développement ultérieur de la matière intellectuelle donnée, et cela le plus souvent d'une façon indirecte ; ce sont les reflets politiques, juridiques, moraux qui exercent l'action directe la plus importante sur la philosophie.

Sur la religion j'ai dit ce qui importait le plus dans mon dernier chapitre sur Feuerbach.

Si donc Barth pense que nous nions toute réaction des reflets politiques, etc., du mouvement économique sur ce mouvement même, *il combat tout simplement des moulins à vent.* Qu'il étudie le 18 *Brumaire* de Marx, où il ne s'agit presque uniquement que du rôle *particulier* que les luttes et les événements politiques jouent naturellement dans les limites que leur trace leur dépendance générale des conditions économiques, ou encore le *Capital*, le chapitre, par exemple, sur la journée du travail, — où la législation, qui est pourtant un acte politique, a une action si profonde, — ou le chapitre sur l'histoire de la bourgeoisie (chap. XXIV). Ou bien encore pourquoi combattons-nous pour la dictature politique du prolétariat si la puissance politique est sans force au point de vue économique ? La force (c'est-à-dire la force publique) est aussi une puissance économique !

Mais je n'ai pas le temps de critiquer ce livre. Le troisième volume doit paraître auparavant, et d'ailleurs je pense que Bernstein, par exemple, pourrait très bien le faire.

Ce qui manque à tous ces messieurs, c'est la dialectique. Ils ne voient qu'ici cause, là effet ; c'est là une abstraction vide. Dans le monde réel de pareilles oppositions polaires, métaphysiques, n'existent que dans les crises, tout le développement se poursuit dans la forme de l'action réciproque — de forces à vrai dire très inégales — dont le mouvement économique est la plus puissante, la plus originelle, la plus décisive : il n'y a là rien d'absolu, tout est relatif ; mais ils ne le voient pas, pour eux Hegel n'a pas existé.

F. Engels.

Londres, 25 janvier 1894.

Cher Monsieur, voici la réponse à vos questions (1).

1. Par les rapports économiques, que nous considérons comme la base déterminante de l'histoire

(1) Cette lettre a paru dans *Der sozialistische Akademiker*, du 15 octobre 1895. Elle répond aux deux questions suivantes : 1o Dans quelle mesure les rapports économiques sont-ils des causes (cause suffisante, occasion, condition permanente, etc. (du développement)? et 2o quel est le rôle que jouent dans la conception historique de Marx et d'Engels la race et les individualités historiques? (*Note du trad.*)

de la société, nous entendons la façon dont les hommes d'une société donnée produisent leurs moyens d'existence, et échangent entre eux les produits (dans la mesure où il y a division du travail). Il faut donc entendre par là l'*ensemble de la technique* de la production, et des moyens de transport. Cette technique détermine aussi, d'après nous, le mode de l'échange, partant de la répartition des produits et aussi, après la dissolution de la société fondée sur la gens, la division en classes, partant les rapports de domination et de sujétion, l'État, la politique, le droit, etc. De plus, il faut entendre par rapports économiques la *base géographique* sur laquelle ceux-ci se passent, et les survivances des stades antérieurs du développement économique qui se sont conservées, souvent uniquement par tradition ou par *vis inertiæ*, naturellement aussi le milieu qui enveloppe entièrement cette forme de société.

Si la technique, comme vous le dites, dépend en grande partie de l'état de la science, celle-ci dépend plus encore de l'*état* et des *besoins* de la technique. La société a-t-elle un besoin technique? Cela fait plus pour l'avancement de la science que dix universités. Toute l'hydrostatique (Torricelli, etc.), est née de la nécessité, du besoin de régler les torrents dans l'Italie du XVIe et du XVIIe siècle. Nous ne savons quelque chose de rationnel en électricité que depuis le jour où on a découvert son emploi technique. Malheureusement on s'est habitué en Allemagne à écrire l'histoire des sciences comme si elles étaient tombées du ciel.

2. Nous considérons les conditions économiques comme conditionnant en dernière instance le développement historique. Mais la race est elle-même un facteur économique. Il y a ici deux points qu'il ne faut pas négliger.

a) Le développement politique, juridique, philosophique, religieux, littéraire, artistique, etc., repose sur le développement économique. Ils réagissent tous les uns sur les autres, et sur la base économique. Il n'est pas vrai que la situation économique est la *seule cause active*, et que tout le reste n'est qu'un effet passif. Mais il y a une action réciproque, sur la base de la nécessité économique, qui finit toujours par l'emporter *en dernière instance*. L'État, par exemple, agit par la protection douanière, par le libre échange, par de bonnes ou de mauvaises finances, et même l'épuisement et l'impuissance mortelle des petits bourgeois allemands qui ressortait de la situation économique misérable de l'Allemagne même de 1648 à 1830, qui se traduisit d'abord par le piétisme, puis par un sentimentalisme et par une servilité rampante devant les princes et la noblesse, ne fut pas sans effet économique. Ce fut un des plus grands obstacles au relèvement et il ne fut ébranlé que le jour où les guerres de la Révolution et de Napoléon eurent rendu aiguë la misère chronique. Il n'y a donc pas, comme on arrive parfois à se le figurer, une action automatique de la situation économique ; les hommes font eux-mêmes leur histoire, mais dans un milieu donné qui les conditionne, sur la base de rapports réels préexistants, parmi lesquels les rapports économiques, si influencés qu'ils puissent être par les autres rapports politiques et idéologiques sont en dernière instance les rapports décisifs et forment le fil conducteur qui permet seul de la comprendre.

b) Les hommes font eux-mêmes leur histoire, mais jusqu'ici pas avec une volonté générale suivant un plan d'ensemble, même lorsqu'il s'agit d'une société délimitée et tout à fait isolée. Leurs efforts s'entrecroisent et, justement à cause de cela, dans toutes ces sociétés domine la *nécessité*, dont le *hasard* est le complément et la manifestation. La nécessité qui se fait jour à travers tous les hasards, c'est de nouveau finalement la nécessité économique. Ici il nous faut parler des soi-disant grands hommes. Que tel grand homme et précisément celui-ci apparaît à tel moment, dans tel pays, cela n'est évidemment que pur hasard. Mais supprimons-le, il y a demande pour son remplacement, et ce remplacement se fait tant bien que mal, mais il se fait à la longue. Que le Corse Napoléon ait été précisément le dictateur militaire dont la République française épuisée par ses guerres avait besoin, ce fut un hasard ; mais qu'en cas de manque d'un Napoléon un autre eût pris la place, cela est prouvé par ce fait que chaque fois l'homme s'est trouvé, dès qu'il était nécessaire : César, Auguste, Cromwell, etc. Si c'est Marx qui a découvert la conception matérialiste de l'histoire, Thierry, Mignet, Guizot, tous les historiens anglais jusqu'en 1850, prouvent qu'il y avait tendance à ce qu'elle se fasse, et la découverte de cette même conception par Morgan prouve que le temps était mûr pour elle, et qu'elle *devait* être découverte.

Il en est de même pour tous les autres hasards, ou prétendus tels de l'histoire. Plus le domaine que nous considérons s'éloigne du domaine économique, et se rapproche du domaine idéologique purement abstrait, plus nous trouvons qu'il y a de hasards dans son développement, plus sa courbe présente de zigzags. Mais si vous tracez l'axe moyen de la courbe, vous trouverez que plus large est la période considérée et plus vaste le domaine étudié, d'autant plus cet axe tend à devenir presque parallèle à l'axe du développement économique.

Le plus grand obstacle à l'exacte intelligence des choses provient en Allemagne de la négligence injustifiable où est laissée l'histoire économique. Il est difficile non seulement de se débarrasser des idées historiques, qui nous ont été inculquées à l'école, mais plus encore de réunir les matériaux nécessaires. Quel est celui, par exemple, qui a lu le vieux G. von Gulich, qui, dans sa sèche accumulation de faits, a réuni de si nombreux matériaux qui permettent d'expliquer d'innombrables événements politiques !

Je crois d'ailleurs que le bel exemple donné par Marx dans le *18 Brumaire* sera pour vous une réponse suffisante, et cela parce qu'il est un exemple pratique. Je crois, de plus, avoir traité les points les plus importants dans mon *Antidühring*, livre I, chap. IX et XI ; livre II, chap. II et IV (1), et livre III, chap. I (2) et dans l'introduction, et aussi dans la dernière partie de ma brochure sur *Feuerbach*.

Je vous prie enfin de ne pas prendre, dans ce qui précède, les mots au pied de la lettre, mais de considérer l'ensemble de ma réponse ; je regrette de ne pas avoir le temps de soigner ma réponse, comme je devrais le faire pour un écrit destiné à la publicité.

Je vous prie de me rappeler au souvenir de M... et de le remercier en mon nom pour l'envoi des...., qui m'ont fait grand plaisir.

Votre tout dévoué,
F. ENGELS.

(1) Les chapitres II, III, IV ont été traduits dans le *Devenir social*, juin, juillet, août, septembre, octobre 1896, sous le titre *La force et l'économie dans le développement social* (*Note du trad.*).

(2) Ce chapitre a paru dans la *Revue socialiste*, mars et avril 1880, avec le chap. II, livre III, sous le titre de *Socialisme utopique et socialisme scientifique*. (*Note du trad.*)

TABLE DES MATIÈRES

Laval. — Imprimerie parisienne, L. BARNÉOUD & Cie.

www.ingramcontent.com/pod-product-compliance
Ingram Content Group UK Ltd.
Pitfield, Milton Keynes, MK11 3LW, UK
UKHW012203240726
13966UKWH00002B/543